台灣血統

沈建德〔著〕

前衛出版
AVANGUARD

台灣人的祖先來自玉山、大武山
不是長江、黃河

找回瀕臨絕種的台灣人

　　向來，歷史都把台灣當做中國的附庸，血統也屬中國，台灣人就像瀕臨絕種的野生動物，快要滅種了。本來，作者只想就荷據後的史料，證明台灣人是漢化的平埔族及高山族。但看了各族的傳說之後，覺得還可以把各鄉鎮人口的來源做出交代，因為屬於高山族的泰雅、鄒族、布農、排灣、卑南，以及平埔的巴宰海族都發源於中央山脈河川源流地，6、7千年前順流而下海岸，整個台灣是高山族的天下。

　　而平埔族的西拉雅、道卡斯、噶瑪蘭各族及高山族的達悟族，係幾千年前從南洋飄來。據近人研究，南洋土著是冰河時期從台灣南遷避寒的族群。如此說來，平埔族及高山族原來都是台灣人，同屬南島語系，皮膚也較黑。

公元 1896 至 1897 年，從南洋回來的各族後代對日人伊能嘉矩口述，他們係在台灣南部、北部、東部登陸，之後向內地繁衍。據此推斷，台灣古平原，北有賽夏族，南有鄒族（皮膚較白），各族回歸的人多了，向內陸繁衍時和他們混血，因此子孫皮膚較黑，例如南高屏的西拉雅、竹苗的道卡斯、宜蘭的噶瑪蘭。混血較少的，例如雲嘉的洪安雅、中彰的貓霧捒、拍瀑拉、台北的凱達格蘭，皮膚較白。

　　原來台灣歷史自成系統，台灣人還在，只是忘了我是誰。

序 2

台灣血統獨立

　　台灣人大都知道，有唐山公無唐山媽，但這種人也只佔全部人口的 5％不到，祖先是台灣公台灣媽者佔 95％。也就是說，就血統而言，台灣人都是原住民，有些只是混了一點外來人種的原住民。和台灣人混血的外來人種有荷蘭人、和佬人、客家人、日本人、西班牙人等。

　　因為歷史課本和媒體都強調，台灣人祖先都是跟隨鄭成功來台，所以台灣人都以為祖先是中國人。可是滿清據台之後，全面驅逐漢人回國，然後禁止他們渡海來台，事實上來台的唐山公不多，而留在台灣傳後代的更少，台灣人根本不是中國人。這件事，歷史課本隻字不提，反而故意引導學生認賊作父。

　　禁止中國人渡海來台就會有人偷渡，但過黑

水溝 10 去 6 死 3 留 1 回頭。上岸後，瘧疾、瘴癘，
10 來 9 死，幾人敢留？漢人對瘧疾、瘴癘沒有抵
抗力，若為純種閩客，亦即，有唐山公也有唐山媽
者，其嬰兒全無免疫力，老早夭折，何能傳後？所
以，唐山公必須娶台灣媽，而唐山媽必須嫁台灣
公，或者台灣公娶台灣媽，其後代才能通過瘧疾、
瘴癘的考驗，繁衍子孫。從這點就可理解台灣人血
統的真相。還有，台灣人對入侵者出草，每年有千
人被執法，閩客究竟有幾個腦袋，膽敢入侵？

　　既然如此，為何台灣人都姓漢姓，自稱是漢
人？這要從台灣的悲慘歷史說起。原本台灣有住在
山上的高山族，約 6,500 年歷史，住平地的平埔族
有 5,000 年歷史。1624 年開始被外來人種荷蘭人入
侵、統治，經鄭氏、滿清、日本至中國的蔣經國為
止。紅毛統治台灣，荷蘭公娶台灣媽，企圖以血緣
同化台灣，因僅 38 年，並未成功，留下許多有西
洋特徵的台灣人。鄭、清來台，除了血緣同化之外，
並把台灣人洗腦換姓改名，乾隆 23 年（1758）西部
平埔族全面被賜姓，後代依漢姓選族譜，竟然自稱

是漢人，留下母舅坐大位、豬公謝神、神輿過火、檳榔送禮等平埔風俗，證明台灣人的平埔血統。

　　老實說，直到 1895 年，台灣人含有純種原住民血統者，約佔全部人口的 90％，混血者 10％。而混血者的血液成分也以原住民爲主，所以若以血液成分來算，台灣人 95％是原住民。日本據台後，交通方便，人種交往複雜，純種原住民和混血者通婚衆多，降低了純種原住民的比例。但即使如此，台灣人血統只有原住民成分 50％或 90％的分別，而且以 90％的居多，並無純種閩客。台灣人，特別是講客家話的，不要自欺欺人，以爲自己是漢人，錯拜祖公！

　　本書就是要提出證據，告訴你台灣人血統的眞相。

**原種台灣人應猶在，
只是忘了我是誰。**

印第安人是美國人，
但他們知道祖先不是來自英國。
台灣人本是原住民，
卻因漢化而自以為是漢族後裔。
事實上，台灣閩客的祖籍
要從本島既有平埔族社名找起。

目錄

閩粵民謠均勸人不要渡海來台

福建大姓陳氏族譜顯示來台人少

福建大姓林氏族譜顯示來台者九成無後代

台灣開發是原住民農耕技術北移，不是漢人北移

乾隆 26 年開放接眷，來者只 277 人，且衙役居多

滿清鼓勵閩客來墾，來了只領薪水卻不肯工作

台灣全係番地，漢人係由「生番」化熟而來

伊能嘉矩分不清平埔和漢人，「漢人」乃漢化平埔

英國外交部說台灣人都是原住民

劉銘傳上奏，台灣西部沿海番六民四

第一章

為何懷疑台灣人和中國人
不是同文同種？

一、外族據台都想消滅台灣意識和血統：

　　台灣自有歷史以來，都被外來政權統治，外族的政策都想消滅台灣，例如滿清的「化生番為熟番，化熟番為漢人」，日本的「台灣人皇民化」，蔣介石的「推行國語」。這些政策，明顯是要消滅台灣血統和意識，以利殖民統治。日據時代所謂的台灣人都是日本人固然可笑，目前中華民國佔據台灣，所謂台灣人都是中國人的說法也應當存疑。

二、228 事件中國人屠殺台灣人：

　　1947 年中國兵在軍車及公車上，架著機關槍沿街掃射，證明了中國人想滅絕台灣人的企圖。若是同種，怎麼忍心？或謂天安門事變亦有掃射，但

那僅限於天安門廣場內，爲何中國兵不到北京市內沿街掃射？228 事件中國人屠殺台灣人的事實，使人更懷疑台灣人是中國人？

三、有唐山公無唐山媽：

這民間傳說說明了台灣人頂多是混血，而且原住民居多。既然如此，台灣人怎麼會是中國人？

四、歷史課本說開羅宣言使台灣重歸祖國懷抱：

但本人研究發現，所謂的開羅宣言居然無人簽字，因此懷疑中國人所說的台灣和中國同文同種必然也是謊言。參見拙著《台灣法理獨立》、《台灣常識》。

五、連續128年之久，9成來台閩客沒飯吃：

閩客來台係以開墾維生，因此，他們的人數從開墾面積來估算就知道有多少。但根據 1683 年至 1811 年共 128 年的觀察，每年所開墾的土地都只能養活全台灣一成多的人口，而且連續 128 年，

年年如此。

　　既然有9成的人沒飯吃，怎麼沒餓死？反而人口越來越多呢？可見這9成人口不完全靠農耕吃飯，應是高山族或平埔族，而其餘的1成也不見得是中國人，會不會是漢化的原住民？

六、學者以二手資料進行局部性歷史研究：

　　今日學者研究台灣歷史，大都以縣市或區域為範圍，無法得知全貌，其內容又以漢墾、文化、民俗居多，這些都是漢化後的產物，田野調查的對象也是200年多年前就已漢化的「番」民後代，老早就以為自己是漢人了，學者以訛傳訛，也以為台灣人非閩即客。

　　又因鄭時就有部分原住民漢化入籍成為漢人，清據後更多。到了1777年，戶政上所有社番均改為民戶，從那時起，除了生番和屯番之外，在滿清的檔案中，只有閩客而無平埔族和高山族。學者很容易被這些檔案誤導，認為台灣都是漢人開墾，事實上這些「漢人」都是「漢姓的原住民」。

七、台灣人非閩客，旁證近 30 個：

　　從近 30 個事證來觀察，也發現閩客雖然來過台灣，但住下來的很少，因此台灣的閩客血統很少，純種幾乎沒有。這些事證有：中國族譜（台灣族譜多係假造）、禁渡、接眷、溺嬰、招墾、民謠、瘴癘、黑水溝、閩客南渡不東渡、鹹首、瓦厝、信媽祖、渡中元、滿清漢化生番、熟番歸化、熟番屯田、地契、番界、番大租、大租小租、歧視性稅制及司法、理番同知、社學、英國檔案、日本戶口謄本、伊能嘉矩的調查記錄等。它們都證實，今日的台灣居民，95% 以上有原住民血統，中國人只有5%，那就是跟隨蔣介石來台的那一批。台灣人自稱漢人，是冒牌貨，怪不得江澤民以武力恫嚇假漢人，威脅不得搞台獨分裂中國。

第二章

台灣人不是漢人的直接證據

一、以荷日時期糧耗標準計算，若台灣人非閩即客，則墾地糧產只能養活1成人口：

滿清人口一向「民」「番」合計，而漢化番也算「民」，視同漢人，故從人口報告無從知悉漢番各多少。但台灣族譜、學者、文獻都說閩客是來台開墾，閩客來台，若不開墾無以爲生，故人口和所開墾的土地甲數有必然的關係，以墾地的扶養力，就可算出閩客人數，進而分別漢番。依此做成的「台灣人口成長模型」，其結論大大出乎一般意料之外，台灣閩客很少，多是原住民。模型的作法是，以荷、日據台時期開墾總甲數，除以荷據、日據時的相關人口，得到每甲扶養力是 3.3 人。再以這 3.3 人乘以各期開墾總甲數，便得到閩客人數。可是這

些人數都僅佔各時期總人口的一成多或者不到一成，推翻了台灣人非閩即客的說法。

台灣人口成長模型中的原住民人數，係根據學者估計，荷據時平埔族 30 萬，高山族 20 萬，用 371 年間（1624～1995）各時期的人口成長率算出，依此做出模型，算出 1624 年至 1995 年時，平埔族、高山族、混血者、中國人在台各時期的人口，結果得到，1995 年時平埔族、高山族、混血者總共 2006 萬，佔總人口的 94.2%，純中國人 124 萬，佔 5.8%。證明今日的台灣人只有 5% 不是原住民。

「台灣人口成長模型」之詳細說明，請參閱拙著《台灣常識》第二章第二節「九成台灣人有平埔或山胞血統」。

二、以唐山的歲食穀量計算，結果也顯示全台均非唐山人：

上例係以荷日標準計算，當時 1 甲地所生產者僅夠 3.3 人食用。雍正時墾地 5 萬甲，故僅能扶養 16 萬人。但光是歸化番，當時就有 100 萬，未

台灣人口成長模型（人田單位：萬，千位數以下皆捨）

統治者	荷	鄭	清					日	蔣	
公元	1624	1661	1683	1756	1782	1811	1893	1943	1956	1995
1 成長率			0.7%		0.35%		1.74%	2.1%	2.165%	
2 官報人口				66	91	190	254	603	923	2130
3 累計墾田		0.8	1.8	6.1	8.2	11.8	77.7			
4 平埔族	30	(38)	41	69	81	99	133	315	412	951
5 山地族	20	25	30	50	60	72	97	230	301	694
6 中國人										124
7 混血		2	0	5	9	17	24	58	209	358

歸化者還不算，這顯示墾地所產僅夠部分人口食用，閩客之外尚有人不靠墾地生活，而且佔人口的絕大多數。閩客人口很少，且多娶番女，後代混血。

　　現改以唐山的歲食穀量法計算，結果也是「番」多漢少。

　　《重纂福建通志》云：台灣官佃田園盡屬水田，（每甲）每歲可收粟 50 餘石。旱田產量約 6 成。但是為了保持地力，必須休耕，故每甲水田平均只能以 25 石（50÷2）計算。若是新墾地，依 1717 年的

《諸羅縣志》：「上者出粟六、七十石，最下者亦三、四十石。」但第 3 年開始，必須休耕，否則地力無法恢復。此事於 1764 年《重修鳳山縣志》有所記載：「土性浮鬆，三年後則力薄收少；人多棄其舊業，另耕他地。」因此最高也只能以每年 35 石計算（70÷2）。長期而言，清據時台灣的上等土地，每甲每年平均產穀 25 石至 35 石之間。扣除購買農具、副食及租稅，每甲每年可供食用者僅 20 至 30 石，平均 25 石而已，下則水田更少，旱田最少，約 6 成。

乾隆 5 年（1740）始有雙冬早稻稻種，一年兩穫，帳面上看來好像可增產一倍，但事實不然。因為地力關係，一年一熟的土地 3 年就要休耕，一年兩熟者，勢必提早休耕，所以長期算來，每甲的收穫量差不多。1900 年伊能嘉矩的《台灣踏查日記》424 頁中指出，有谷倉之稱的屏東一年兩熟，第 1 季每甲可收 12 石谷，第 2 季 9 石，加起來每甲每年收穫量亦僅 21 石而已。可見不管一熟或兩熟，從清據到日據，台灣的水田收成，每甲每年約 20 幾石而已，旱田收穫更少。

再依據中國說法，「人日食米 1 升」或「人一歲食米 3 石 6 斗」。3 石 6 斗的米，以當時的稻谷去殼技術，約需穀 7 石，亦即每人歲食穀 7 石。「台灣人口成長模型」以每甲扶養力 3.3 人計算，等於是每甲產量 23 石（3.3×7）以上，只有上則田扶養得起這麼多人，若是下則水田、旱田，就不可能了。可是當時的墾地，旱田佔 7 成，下則水田至少 1 成，總共 8 成。可見「台灣人口成長模型」以每甲 3.3 人計算扶養力，只會高估閩客人口，不會低估。

歷年台灣土地開墾累積統計

荷據時期（1658 年）	8,403 甲	
康熙 23 年（1684 年）	18,454 甲	
康熙 32 年（1693 年）	26,450 甲	
康熙 49 年（1710 年）	30,110 甲	
雍正 13 年（1735 年）	50,517 甲	流失 2,369 甲
乾隆 9 年（1744 年）	53,185 甲	
乾隆 20～27 年	61,967 甲	
乾隆 47 年（1782 年）	82,967 甲	估計
嘉慶 16 年（1811 年）	118,057 甲	估計
光緒 13 年頃	361,417 甲	另說 425,241 甲
日據第 9 年（1904 年）	777,850 甲	（來源：台灣文獻會）

三、以原住民歸化人數、漢墾面積、番地面積交叉檢驗，結果確定清據時台灣全是原住民。

(一) 以歸化番族人數推算：

雍正 8 年 5 月 24 日，南澳總兵許良彬的奏摺說：「台灣番社新舊歸化內附戶口不下貳、參萬社，每社男婦老幼多至壹、貳百人，少亦不外數十眾。」依此奏摺，「每社男婦老幼數十眾」，以最少的 30 人計算，貳萬社是 60 萬人，估計應有 100 萬人。根據「台灣人口成長模型」算出，當時台灣的總人口確有一百多萬，若以歸順 100 萬人來計算，到現在約有 1,700 多萬人，加上未歸順者及被融入台灣血統的中國血統，大約有 2,000 萬人左右，和現有人口數若符合節。

(二) 以漢人墾地面積推算：

公元 1811 年時，滿清做了第 1 次的全台戶口普查，查出台灣人口為 190 萬，而當時全台開墾田園約 11.8 萬甲。其中僅 7 萬甲繳稅，有繳稅才有

可能是閩客所墾，因爲番墾不課稅。以這兩件資料來看，即使 7 萬甲全數算爲閩客所墾，7 萬 ×3.3（每甲扶養人數），這時閩客總數僅 23 萬人，佔總人口的 12％，其餘的 167 萬人（88％）當然是原住民。可見，即使田園皆爲純閩客所墾，閩客頂多僅佔台灣人口的 12％而已。所以閩客血統必然少於12％。又因閩客來台多係單身，「有唐山公無唐山媽」，閩客的血統只佔一半，因此少於 6％。這個結論和「台灣人口成長模型」相同。

假設 1811 年台灣墾田 11.8 萬甲全數算爲漢墾，則有 39 萬漢人，但當時的官報總人口爲 190 萬，閩客既只有 39 萬人，純原住民就有 151 萬人。單計純種原住民，就佔了總人口的 80％，若把漢番混血兒也計算在內，則原住民血統高達 94％。

（三）以清時的番口、番地推算：

1885 年 11 月劉銘傳上奏：「台灣沿海八縣之地，番居其六，民居其四。」沿海八縣是恆春、鳳山、台灣、嘉義、彰化、新竹、淡水、宜蘭。這句話意味著從西部平原到宜蘭地區的平埔族雖已漢

化，但清吏知其底細。麻豆、佳里以北地區，是在1683年滿清據台之後才開始漢化，雖操閩客口音，劉銘傳仍認得出是番。

現就以「番六民四」分析1893年的漢番人口。依人口模型，當時沿海人口為157萬（133＋24），「番六」，應有94萬人。加上山「番」97萬人，等於191萬人，佔總人口254萬的75%。可是「民」也未必是「漢」，因為「大清會典」戶口編審附註云：「回、番（包括西藏及台灣山胞）、黎、猺、夷人等，久經向化者，皆按丁編入民數。」故75%是指純番人口，漢化番還不算。

（四）以清末清丈的番地來估算：

1888年土地調查，當時交大租的「民」地僅有71,150甲，但墾地有361,417甲，不必交大租的番地佔了8成，是「番8民2」。劉銘傳之所以會說「台灣沿海，番居其六，民居其四」，可能與番地比例有關。

（五）以日本清丈的番地來估算：

1903年日本的土地調查，查出墾地有77萬甲而非36萬甲，免稅地佔了91%，「番9民1」。

四、台民皆番，何以變漢？原來滿清把「社番」改成「民戶」：

由一、二、三可知，在台漢人非常少，爲何現在全台皆漢？因爲1777年後，滿清奏摺把「社番」都改成「民戶」。以1756年爲例，奏摺所報戶口爲「土著流寓并社番」共66萬，其中「社番」至少有60萬（見1730年許良彬奏摺）；「土著」乃鄭時已漢化而移交給滿清的平埔族後代，6～9萬人，也是番。「流寓」才是漢人，但很少，僅朱術桂、沈光文、盧若騰、郁永河、藍鼎元等14人留台的家族。1777年後的奏摺把「社番」改爲「民戶」，可見從當時起，滿清已依「大清會典」編番爲民，本籍改爲閩或粵，以後官方行文，改稱台民來自閩粵。

番民漢化入籍的人數印證了「台灣人口成長模型」的正確性。1756年，模型估計平埔族人口爲69萬，而當年的人口奏摺奏報爲66萬人，兩者差異無幾，證明1756年時，滿清的台灣戶口全是平埔族。1782年時，模型估計爲81萬人，而奏摺所報

為 91 萬人，相差 10 萬人，表示除了全部的平埔族之外，部分的高山族亦已歸化編入戶口。模型估計，1811 年平埔族為 99 萬人，高山族 71 萬人，漢番混血 17 萬人，總共 187 萬人，而官報人口為 190 萬，模型估計數與官報實數只差 3 萬人，顯示 1811 年時的台灣總人口 190 萬之中，全部是平埔族和高山族。1756、1782 及 1811 年的檢驗證明，台灣的人口確實是由平埔族與高山族組成，前者先漢化，後者較慢。1811 年時，台灣 190 萬總人口既都是原住民，1893 年全台人口 254 萬當然也是原住民，1943 年增為 603 萬人，2000 年再增為 2 千萬人。

　　台灣在荷時才有戶口制度，部分平埔族歸順編入戶口，鄭來交鄭，以台南、高雄、屏東為主。公元 1683 年清滅鄭，鄭氏移交民戶 16,820 口（男丁）以及鳳山八社土番 3,592 口（屏東平埔族，見《台灣府志》）。民戶之中，諸羅縣的 4,199 口大都是麻豆社、蕭壠社漢化番，被視為漢人，實為平埔族。其餘 12,621 口民戶在高雄及台南市，也都是平埔族，沒有半個漢人，因為清據初的閩客全被趕回中國，

而漢化平埔族雖被編爲民戶，稅課較輕，滿清仍視所繳之稅爲番社餉。

　　康熙30年（1691）據台後第一次人口編審，其戶口報告用詞爲「戶×××，口×××，另鳳山八社土番×××名口」。到了1756年，戶口報告中的「鳳山八社土番」改爲「社番」，原奏摺爲「台灣府屬實在土著流寓并社番共×××名口」，顯見由土番「升格」爲社番的，不只是屛東的「鳳山八社」以及台南的麻豆社、蕭壠社而已，而已是全台灣所有的漢化原住民。

　　公元1756年時的準漢人「社番」有多少社？根據《台灣府志》，有89社（見第10章），乾隆2年時就享漢人待遇，但在戶籍上仍記爲「土番」。1756年升格爲「社番」，1777年再升爲「民戶」，享受國民待遇。1777年的報告改「社番」爲「民戶」，成爲「台灣府屬實在土著流寓并民戶共×××名口」，顯示當時清國就正式承認原住民爲國民，歸順幾個，人口奏摺上就報幾個，不管漢化與否，只要台灣人自認是漢人，就是漢人。

年　代	府志或奏摺戶口報告用辭		出　處
康熙 22 年 (1683)	口 16,820，另八社土番口	3,592	台灣府志
康熙 30 年	口 17,450，另八社土番口	×××	台灣府志
康熙 35 年	口 17,773，另八社土番口	×××	台灣府志
康熙 40 年	口 18,072，另八社土番口	×××	台灣府志
康熙 45 年	口 18,562，另八社土番口	×××	台灣府志
康熙 50 年	口 18,872，另八社土番口	×××	台灣府志
雍正 8 年 (1730)	番社新舊歸化內附至少 60 萬		許良彬奏摺
乾隆 16 年 (1751)	民戶并鳳山縣八社土番××		喀爾吉善奏摺
乾隆 17 年	民戶并鳳山縣八社土番××		喀爾吉善奏摺
乾隆 18 年	民戶并鳳山縣八社土番××		喀爾吉善奏摺
乾隆 19 年	民戶并鳳山縣八社土番××		喀爾吉善奏摺
乾隆 21 年	土著流寓并社番	660,147	喀爾吉善奏摺
乾隆 28 年	土著流寓并社番	666,040	定長奏摺
乾隆 29 年	土著流寓并社番	666,210	定長奏摺
乾隆 30 年	土著流寓并社番	666,380	定長奏摺
乾隆 32 年	土著流寓并社番	687,290	崔應階奏摺
乾隆 33 年	土著流寓并社番	691,338	鄂寧奏摺
乾隆 38 年	土著流寓并社番	765,721	余文儀奏摺
乾隆 42 年	土著流寓民戶	839,803	鐘音奏摺
乾隆 43 年	土著流寓民戶	845,770	黃檢奏摺
乾隆 44 年	土著流寓民戶	871,739	富綱奏摺
乾隆 46 年	土著流寓民戶	900,940	楊魁奏摺
乾隆 47 年	土著流寓民戶	912,920	雅德奏摺
乾隆 48 年	土著流寓民戶	916,863	雅德奏摺

台灣土地被鄭、清外來人種佔據，人被奴役，還被諷刺爲番，一點面子也沒有。既然無法掙脫政治壓力，不想被輕視、歧視者，唯有巴結統治者，以最快的方式歸化爲漢人，然後脫離番社，成立和佬庄或客人庄，以撕掉「番」的標籤。

　　所以，台灣人漢化速度很快，以屏東來說，1635 年荷人入侵屏東之後，有平埔族 8 社，就是滿清戶口奏摺所稱的「鳳山八社土番」，約 12,000 人投降荷蘭，不降荷者有多少，無記錄。隨著人口成長，1683 年時，這 8 社應有 2 萬人。同年清滅鄭，8 社由鄭氏戶口轉入滿清戶口的，有 2 / 3 漢化，故，由土番升格爲民戶的，約 12,000 人，其餘的 1 / 3 不漢化，被稱爲八社土番，其中，成年男女有 3,592 人，連小孩約有 7,000 人。荷鄭據台才 60 年，就有這個成績，可見漢化之速。

　　高雄、台南地區也一樣，1639 年荷人記載，台南的麻豆社、蕭壠社、目加溜灣社、大目降社、新港社等 8,647 人降荷，依自然成長，1683 年才 13,000 人，但當年鄭氏移交滿清 4,199 丁口，換算

雍正 8 年許良彬奏摺摘要
報出台灣番社歸化人數

署理福建水師提督印務南澳總兵官臣許良彬謹

奏為謹陳臺灣鈐束番民以資永遠善後事竊臺灣處閩重

服為全閩海表藩籬與內地洋省水道相通彼地南北延

袤貳千餘里其番社新舊歸化內附戶口不下貳參萬社

各種園菁竹中植菓木蓊鬱居室處焉每社男婦老幼多

至壹貳百人少亦不外數拾衆

雍正捌年伍月

貳拾肆

《台灣府志》記載鄭氏移交滿清
民 16,820，八社土番 3,592

重修福建臺灣府志卷八

國朝康熙二十二年，始隸版圖。二十三年，題定則例：每丁徵銀四錢七分六釐。五十二年，詔以五十年丁冊定為常額，續生人丁，永不加賦。部議：俟後編審另造新增人丁，為盛世滋生戶口。乾隆元年，奉旨改則：每丁徵銀二錢；八社番丁亦照民丁例，免其徵米。

臺灣府

舊額：戶一萬二千七百二十七，口一萬六千八百二十。另八社土番，口三千五百九十二（在鳳山縣屬）。

乾隆 16 年喀爾吉善奏摺用辭
改為「民戶并鳳山縣八社土番」

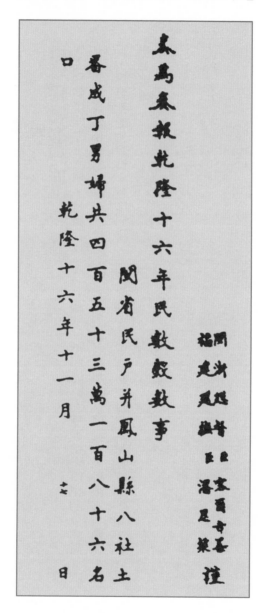

謹奏奏報乾隆十六年民數穀數事

閩浙總督臣喀爾吉善 福建巡撫臣潘思榘 謹

閩省民戶并鳳山縣八社土番成丁男婦共四百五十三萬一千八十六名口

乾隆十六年十一月 二 日

乾隆 21 年喀爾吉善奏摺用辭
再改「土番」為「社番」

奏

臺灣府屬實在土著流寓并社番共八萬四
千六百一十一戶大小男婦共六十六萬一百
四十七名口

閩浙總督臣喀爾吉善
福建巡撫臣鍾音謹

乾隆二十一年十一月 十六 日

乾隆 38 年余文儀奏摺用辭
仍為「土著流寓并社番」

奏

福建巡撫臣余文儀謹

臺灣府屬實

在土著流寓并社番男婦大小丁口共七十六
萬五千七百二十一名口

乾隆三十八年十一月 十七 日

乾隆 42 年（1777）鐘音奏摺
已改「社番」為「民戶」

奏為欽奉

上諭每歲仲冬該督撫將各府州縣戶口增減會穀

存用一一詳悉具摺奏聞欽此

臺灣府屬實在土著流寓民戶

大小男婦共八十三萬九千八百三名口

閩浙總督署福建巡撫臣鐘音謹

乾隆四十二年十一月 十二 日

成人口，約爲14,800人，超過了降荷人數。這表示，原不降荷者也來降鄭。番人爭相入籍的原因是，番童入學可學習做漢人，免被歧視，家長又可免稅，何樂不爲？

滿清據台，軟硬兼施。漢化者薄賦輕徭，不漢化者課重稅及10倍的徭役，訟案偏袒漢化者。加強番政，設南北理番同知於台南及鹿港，專門負責熟番漢化、生番歸化。推廣社學進行洗腦，創造漢化的環境等等，多管齊下，使得番地「風俗十年一小變，二十年一大變」，20年功夫就把不漢化的原住民改頭換面，變成唯妙唯肖的漢人。

第三章

台灣人不是漢人的間接證據

一、閩客祖先隨鄭氏來台，但清據後全數逐回原籍，禁止再來台灣。所以，祖先跟隨鄭氏來台的神話被拆穿。證據如下：

（一）1684 年施琅「壤地初闢疏」：

「自臣去歲奉旨蕩平，偽藩、偽文武官員、丁卒與各省難民相率還籍，近有其半。」

（二）1688 年《華夷變態》：

「以前台灣人口甚為繁盛，漢人民兵有數萬人，自隸清以後，居民年年返回泉州、漳州、廈門等地，現僅有數千漢人居住。」

（三）驅漢政策：

以嚴罰、重稅禁止閩客渡台，防止作亂。

嚴罰：偷渡者打 100 大板，船東流放黑龍江，兩岸守關官員官位降一級。

重稅：台灣丁銀五錢，中國僅一至二、三錢。

二、自古台灣不在羅盤針路，中國人不熟悉來台航路，路程雖短，但不敢冒死。所以閩粵去南洋的多，來台灣者少。

張燮《東西洋考》：卷九列台灣於東洋針路。卷五記載，「東番不在東西洋之數，附列於此。」顯然，自古台灣就不在中國的羅盤針路上，亦即沒有航路通中國，是危險的航海地區，很少人敢冒險橫渡。這本《東西洋考》於公元 1617 年出版。

台灣文獻會：「唐末五代航行波斯灣，元征日本、南洋，明鄭和下西洋，民間對南洋甚為熟悉。因此中國過剩的人口，大都移往南洋，不是來台灣。」

連橫《台灣通史》：「當是時（1875 年）閩粵人多赴南洋，遠至澳洲，為萬金可立致，故來者較少。」南洋、澳洲有萬金可立致，更會選擇南洋，不會選台灣。

台灣文獻會：「閩粵人雖到過東西洋各地，但

移民皆未十分成功；獨台灣一地，完全成爲我國之領。」──這是典型的把漢化平埔族和高山族當做移民的說法，流毒很深，怪不得很多人都說，台灣是移民社會而不是原住民社會。

◎來台算偷渡，往南自由身，不選南向政策選什麼？

康熙洋禁：清廷視移民爲逃民，禁止下洋。南向東南亞，天高皇帝遠。來台算偷渡，抓到要充軍，移民當然選擇南洋。

雍正立法：欽定「大清會典」事例卷775，令「逃民」限期回國，1734年起，「洋船回航潛匿不回，船戶、舵水照窩藏盜賊治罪；出結之族鄰、行保，杖一百、徒三年。」

乾隆修法：1717年以前出洋船戶，准其回籍。「定例之後仍託故不歸、偷渡私回者，請旨正法。」（同上「大清會典」）

紅毛執行：1740年荷蘭屠殺印尼華人，乾隆聞知，曰：「天朝棄民，不惜背棄祖宗廬墓，出洋

謀利，朝廷概不聞問。」

僑領試法：之後僑領陳怡老回籍，被抄沒家產。

政策解禁：1893 年薛福成上奏後才解出洋之禁。

——參考國史館李盈慧「華僑政策與海外民族主義」

1405 年起，鄭和七次下西洋，唐山人隨著針路移民南洋。自古唐山人很少來台灣，多去南洋，移民 500 年，到 1930 年爲止，在南洋的僑民也才 372 萬（明細如下）。

越南	47 萬	印尼	123 萬
新加坡	53 萬	馬來亞	81 萬
泰國	46 萬	婆羅洲三國	13 萬
菲律賓	9 萬		

——来源：中華民國駐各國使館報告

但 1930 年時的台灣人口已有 500 多萬，且多自稱是和佬或客家，實在好笑。既然唐山人下南洋多，過台灣少，爲何台灣閩客反比南洋多出很多？顯然是漢化政策的功勞，把台灣原住民變成閩客。

三、黑水溝湍急洶湧，怒濤萬丈，兇險難渡，勉強橫渡，「10 去 6 死」。

據 1697 年的《裨海紀遊》，中國到澎湖這段水域稱為紅水溝，澎湖到台灣這段稱為黑水溝。黑水溝遠比紅水溝險惡，水流湍急，冬季東北風起，怒濤萬丈，洶湧懾人，官船都不敢航行，何況偷渡的小船？偷渡者在淺灘擱淺（稱為種芋），或因怕擱淺而在海中被趕下船者（稱為放生），不計其數，因而有 10 去 6 死 3 留 1 回頭的傳說。意思是，過黑水溝，10 個死 6 個，4 個到了台灣，3 個留下，1 個掉頭回中國。

黑水溝水域之所以難橫渡，是因為洋流強勁而且固定向北（見台灣四周洋流圖），一年 365 日不停。另外，因為海底地形由深變淺（見台灣海峽海底深度簡圖），造成漩渦；洋面由寬變窄，水壓增高，水流變快，急速的水流加上漩渦，靠風力行駛的帆船很難橫渡。因為風大，雖有助於把船推向台灣，但也使波濤洶湧，危及航行。風小，則因洋流強

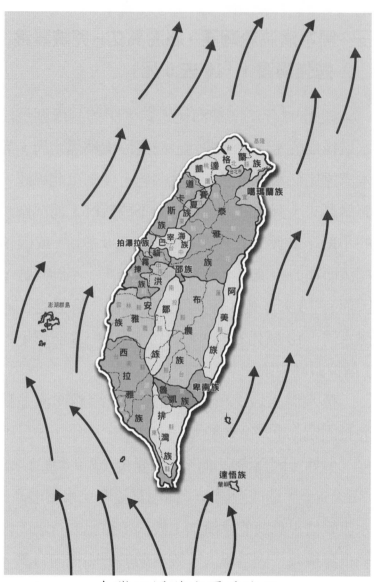

台灣四周洋流夏季流況

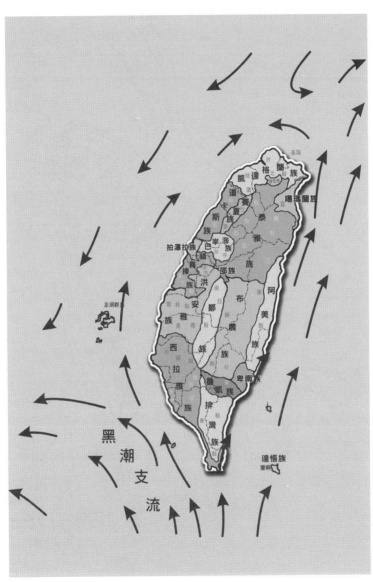

台灣四周洋流冬季流況

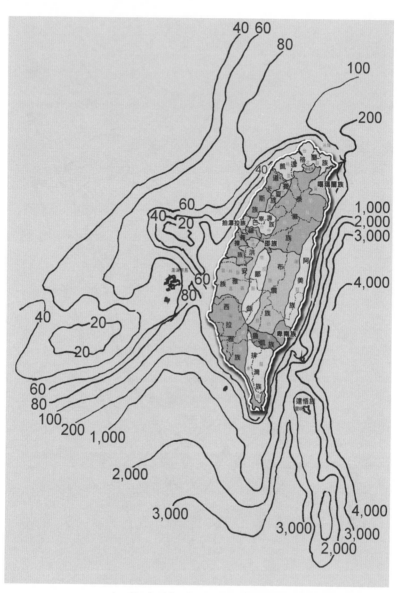

台灣海峽海底深度簡圖

勁，每小時速度達 10 公里以上，船會被流走。大船如此，小船更難。根據記載，偷渡者大都搭小船出海，以瞞過滿清耳目，再在海中換乘大船，過黑水溝之後又換搭小船，俟機偷渡上岸。

目前的船本身有引擎動力，不必靠風就可直闖台灣，而且有氣象預報，可選好天氣才來，船大、船小都可如願。

偷渡者十去六死，船小無動力是原因之一。連大船都翻覆黑水溝，若船小無動力，必沉無疑。

據學者研究，大船翻覆黑水溝之例不勝枚舉，聊舉數例如下：

1666 年，施琅攻鄭，艦隊遇風折損。
康熙中，海盜船沉西嶼，死 36 人。
1757 年，哨船 13 號遇風，22 人淹沒。
1758 年，哨船 14 號為風擊碎。
1765 年，商船 30 餘艘沉沒西嶼。
1813 年，大風、海漲，沉船無數。
1874 年，英艦 CMSN 號翻覆，艦長溺斃。
1877 年，右營台字 1 號戰船為風擊毀。
1886 年，法國鐵船觸礁擱淺。

1893 年，英輪在姑婆嶼沉沒。

1895 年，日輪姬路號及廣丙艦觸礁、水雷艇遇難。

1897 年，日輪奈良號在吉貝嶼沉沒。

由這些記錄可知，即使在 1874 年後，輪船、軍艦本身已有動力、無須風帆，英法日軍艦都要向黑水溝低頭，以前載運偷渡客來台的船隻小，無氣象預報，又無動力，其下場如何，不問可知。

四、瘧疾、黃熱病無藥可醫，蚊子十叮九病，十病九死：

1639 年盧若騰〈島噫詩〉：

「驚聞海東水土惡，征人疾疫十而九。」

1688 年施琅「盡陳所見疏」：

「原住台灣者，有二、三萬……不服水土病故及傷亡者五、六千。」

1697 年郁永河《裨海紀遊》：

「台郡尚在洪荒，草木晦蔽，（中國）人跡無幾，瘴癘所積，人至即病。……總戎王公命某弁率百人戍下淡水，才兩月，無一人還者。下淡水且然，況

雞籠、淡水遠惡尤甚。」郁氏本人親往淡水，體會了這悲慘的一頁。

1704 年江日昇《台灣外記》：

「台地初闢，水土不服，病者即死，故（鄭氏）至各島搬眷，俱遷延不前。」

1708 年孫元衡三年任滿「離台抵廈詩」：

「三年窮困海，瘴癘憂相磨。兩腳蹋中土，驚禽脫虞羅。」到了廈門才確定生還。

1710 年周元文《重修台灣府志》：

「渡淡水溪以南，陰雲瘴癘，觸之必死。番自鄭氏以後效順，聚族巖居，從無以水土為病者。」

1714 年阮蔡文，「鹿州文集」收錄：

「大肚、牛罵、吞霄、竹塹，水土苦惡。南崁、淡水硫磺毒氣燻蒸，鄭氏以投罪人。」1710 年設淡水防兵，生還者不及三分之一。1715 年阮蔡文親往巡視，果中病，卒於赴京途中。

1716 年陳夢林《諸羅縣志》：

「異時內地官兵換班渡台，妻子倉皇涕泣相別。南淡水之瘴作寒熱，號跳發狂；北淡水之瘴脾

泄、鼓脹。」

1719 年陳文達《鳳山縣志》：

「淡水巡檢司署原在東港，水土毒惡，歷任皆卒於官，甚至闔署無一生還者。」

1837 年柯培元《噶瑪蘭志略》：

「1812 年巡檢胡桂，查丈羅東荒埔，中瘴而歿。」

1875 年沈葆楨奏摺：

「已故文武凡 11 人，勇丁尚有 265 名或因勞傷或瘴癘，先後物故。」

◎滿清大官病死台灣的記錄：

（1）1683 ～ 1873 年滿清大官怕病，只派御史做為替身來台巡視。

（2）1874 ～ 1884 年共換 10 位巡撫，來台最久者僅 4 個月，最短的 2 個月，有兩個根本不敢來台灣。即使如此，也 1 死 2 病。丁日昌及吳贊誠染病，王凱泰病死屏東。

◎法國軍隊病死台灣的記錄：

1885 年法國艦隊司令孤拔登陸基隆，病死澎湖，有 500 多人在基隆就病死。

◎日本軍隊病死台灣的記錄：

（1）1873 年日軍入侵恒春的牡丹，7 個月內戰死 12 人，傷 17 人，病死 561 人。

（2）1895 年日軍登陸澎湖，10 天病死 1,255 人，戰死 2 人。

◎屏東毒惡瘴地死亡統計：

下淡水巡檢司初在下淡水東港。尋以水土毒惡，移建赤山巔（1731 年），今（1764 年）賃公館在崁頂街。──滿清檔案

袁　玟	直隸右衛人	康熙 23 年任	病卒
謝　寧	浙江會稽人	康熙 25 年任	病卒
樓鴻基	浙江義烏人	康熙 27 年任	病卒
高崇游	江南山陽人	康熙 33 年任	病卒
沈翔昇	直隸右衛人	康熙 33 年任	以老去
孫朝聘	直隸香河人	康熙 38 年任	病卒

郭培桂	直隸金鄉人	康熙 38 年任	病卒
徐志弼	山東登州人	康熙 41 年任	病卒
趙文秀	直隸保定人	康熙 42 年任	病卒
馮 吉	直隸大名人	康熙 46 年任	以憂去
趙元凱	直隸安肅人	康熙 50 年任	秩滿
王國興	順天大興人	康熙 55 年任	台灣被議
魏如玉	直隸玉田人	康熙 60 年任	晉陞
錢中選	直隸順義人	雍正 4 年任	以病告休
戴 興	山東長清人	雍正 7 年任	卒於官
秦 輝	浙江會稽人	雍正 8 年任	任滿

◎台灣水土毒惡，紅毛也病死：

自公元 1627 年至 1661 年，荷蘭共派牧師 29 名來台，10 名病死。

Candidius	1627 ～ 1637	平安離開
Junius	1629 ～ 1643	平安離開
Hoosgeteyn	1637 ～ 1639	病歿目加溜灣
Leeuwius	1637 ～ 1639	病歿熱蘭遮
Barius	1640 ～ 1647	病歿熱蘭遮
J. Happartius	1644 ～ 1646	病歿熱蘭遮
Hambroek	1648 ～ 1661	被殺

G. Happartius	1649～1653	病歿
Tesschemaker	1651～1653	病歿
Ludgens	1651～1651	病歿澎湖
Campius	1655～1655	病歿
Ampzingius	1656～1657	病歿
Vinderus	1657～1659	病歿

——《新舊東印度誌》、《荷蘭治下的台灣》、《教會史話》37

◎墾民可抗瘧，證明全台係「番」墾

（1）康熙23年（1684）開始禁止中國人渡台：

在台無妻室產業者逐令過水。來台者須領有照單、不准攜眷。

（2）禁渡卻又招墾的矛盾：

康熙23年4月派官來台佔據1府3縣，致力於招徠流民，按丁授地，照田配牛，供給耕具。康熙41年（1702）陳璸：「由內地遷徙於此者（台南附近），雲集影附，無待議招。」（此事與1875年以發薪水招徠閩客，但墾都不墾的事實矛盾，見第64頁。）所謂「內地」，恐亦係台南附近的西拉雅平埔族，否則不可能「無待議招」。因為1875年招墾局以優

厚待遇招請閩粵人民來台開墾都不墾了，怎有可能「無待議招」而他們肯來。更何況滿清的政策是禁止閩客渡台，禁渡又招墾，顯然矛盾。

（3）沒有特效藥，瘧疾卻會自然絕跡？

康熙 36 年郁永河：「台灣北部，人至即病，病輒死，凡隸役聞雞籠、淡水之遣，皆欷歔悲嘆，如使絕域。」

康熙 54 年陳璸卻上奏稱：「舊時淡水地方都到不得，有瘴氣（指上述郁永河所說之事）；此時水土都好了。」好像瘧疾、瘴氣一下子就絕跡了。事實上直到日據中期，瘧疾等都還是外來人種無藥可醫的傳染病，那有康熙 54 年就「都好了」的道理？之所以會「都好了」，是閩客不敢下鄉開墾，全由平埔族耕作的原因。因為平埔族歸化之後，也算是「民」。

（4）台灣非原住民所開墾，還會是誰？

康熙 60 年藍鼎元記述：「未 40 年而開墾流移之眾，⋯⋯北至淡水、雞籠，南盡沙馬磯頭（墾丁附近），皆欣然樂郊，爭趨若鶩。」可見「開墾流移之眾」是指歸化或漢化的平埔族、高山族，閩客來

台十病九死，「樂郊」根本不可能。

（5）閩客來台，乃張空拳思攫金以西者：

從1717年《諸羅縣志》的記載可知：「佃田者，多內地依山之獷悍無賴下貧觸法亡命，潮人尤多，厥名曰客；多者千人，少亦數百，號曰客庄。朋比齊力，而自護小故，輒譁然以起，毆而殺人，毀匿其尸。」「我朝置縣，流移者踵相接，多莫知所自；乃漸有非商非農潛竄里社，不務正業，張空拳思攫金以西者。」

五、原住民年年出草，每年千顆人頭落地，閩客不可能不怕，故意來台找死。

以下為 1885 ～ 1891 年台灣巡撫劉銘傳的奏摺，說明原住民出草的情形：

（一）「全台生番歸化匪首就擒請獎官紳摺」：

「自嘉義迤北綿延數百里，番社多未及降，歲殺墾民數百人，為政教所不入。」

（二）「覆陳撫番清賦情形摺」：

「從前沿山墾民被殺，歲常千數百人，近則絕

無僅有。」

　　然而，根據黃煥堯「清代台灣番人與地方治安之關係——義番與番害之研究」，滿清據台 212 年間，有稽可查的出草只有 145 次，平均 1 年不到 1 次，若如劉銘傳所言：「從前沿山墾民被殺，歲常千數百人」，則每年有千多人被殺；但照黃文來算，1 年不到 1 次，如此，每次出草平均必定殺兩千人以上，這根本不是事實。根據記錄，番害的犧牲者每次數人、十數人、或數十人，上百人的很少，上千人的，聞所未聞。那麼錯在那裡？錯在番害的記錄不完整，總共不共 145 次。

　　在劉銘傳的「剿生番歸化請獎官紳摺對」中說：「絕海瘴癘之鄉，官如傳舍，相率苟安；生番殺人，視如未睹。」既然「視如未睹」，就不會做記錄。劉銘傳的另一奏摺「台灣暫難改設省摺」說：「從前撫番，一經就降，遂若無事。台南降番甚眾，仇殺依然。」撫番既是政令，番害記載越多，表示推行政令不力，不利宦途，當然能不記就不記。這是黃煥堯所以為 212 年間番害只有 145 次的原因。

台灣原住民出草如此頻繁，死亡人數這麼多，對閩客自然是一種嚇阻作用，來台的閩客留台的可能性當然降低。

六、台灣閩客女性絕少，娶妻不易，發了財就回中國，不留在台灣。也就是說，閩客在台多屬短期居留，不是定居傳後代。

1717 年《諸羅縣誌》記載：「由郡治北至雞籠……男多於女；有村庄數百人而無一眷口者。蓋內地津渡，婦女之禁既嚴，娶一婦動費百金，故庄客佃丁，稍有盈餘者，復其邦族（回中國）矣。」

七、台灣實際墾田不多，土地也不再肥沃，農地地力由盛轉衰，早就不是樂園，甚至窮得必須溺嬰，節省糧食以保住大人。

（盛）康熙 23 年（1684）季麒光〈客問〉：「以稼則蕃，以種則碩。」

（盛）康熙 35 年（1696）高拱乾《台灣府志》：「平原沃野，歲僅一熟，非凶年可以無飢。

僞時開墾，年久而地磽，力農者多用糞。」

（衰）雍正 2 年（1724）黃叔璥〈赤崁筆談〉：
「近年台邑地畝，水衝沙壓，土脈漸薄，
亦間用糞培養。」

（衰）乾隆 29 年（1764）王瑛曾《重修鳳山縣
志》：「山窮樵採，澤竭網罟，物力甚
絀，農加糞，女勤織。」

八、田地一甲年收 25 石已經不錯，又要交給大租戶 4 石錢糧 4 石，交給小租戶者更多，即使單身，所剩亦無幾，何來餘力接眷？何況，住也有問題。

在台灣，有大租戶、小租戶層層剝削的土地制度之下，農夫所得無幾，唯有在地的原住民因吃住不必另外張羅，而且免農田地租，才有可能活得下去。

所以，閩客可能是坐享其成的大田主（大租戶）、二田主（小租戶），廣大的耕農是平埔或山胞。劉銘傳清賦的 12 項建議說得很明白：

「蓋台地，雖歸入清朝版圖，而與內地聲氣隔

絕，小民不知法度，無從請給執照，其赴官請領墾照者，既屬狡黠之徒，往往眼看某處埔地，有人開墾行將成業，乃潛赴官府請領執照，獲得廣大地段之開墾權，多至數百甲，少亦擁有數十甲，以執照為證據，坐領他人墾成土地，爭執興訟，無照者且不能對抗之，因不得已承認其為業主而納與大租，是以大租戶不費絲毫勞力，坐收漁利；而實際上投資開墾者，則反居小租戶地位，且大租戶每甲田收取 8 石，除納錢糧約計 4 石外，每甲實得 4 石，而小租戶乃按田地之肥瘠情形與佃人分收者，其實額年年不同。」

另外，實際耕種的農民，一人最多也只能耕一甲。以先父耕田數十年的經驗得知，一甲地若一人耕種，犁田要 10 天，刈耙 10 天，插秧 10 天，除草 45 天，割稻 20 天。總共 95 天。一期稻作 120 天成熟，一年兩期，空閒時間不多，即使如此，三年內還得同時新墾 1 甲土地，否則現耕地地力耗失，所收不足糊口。以如此緊湊的工作時間表，農民不可 1 日生病，否則生活就有問題。但偏偏閩客來台，

水土不服，死亡者比比皆是，生病者更不必說。由此可知，實際下田的，必然是土生土長的平埔族或高山族，不是閩客。台灣既是台灣人所墾，血統那裏會是閩客？目前各鄉鎮開拓史都記載，是由某姓漳人、泉人、粵人……進入開墾，這些人都只是剝削者，可能是閩客，也有可能是漢化的原住民，但拖犁拉車者，絕對是台灣人，他們的人數雖是台灣人口的絕對多數，但他們的名字並沒有記載，又因乾隆42年（1777）開始，戶政上把他們全部當做閩客處理，造成台灣人非閩即客的歷史性大錯誤。

九、台灣3年一小反，5年一大反，動亂頻繁，若非走投無路，唐山客有誰願意在此居住？

十、唐山民謠都勸人不要來台。

> （鄭時）民謠勸人來台：「刺瓜刺刺刺，東都著來去，來去穩有某，不免唐山怎艱苦。」顯見鄭時台灣收成不錯。

（清時）民謠勸人不要來台：「勸人莫過台灣歌」、「台灣番薯哥歌」、「渡台悲歌」皆為其例。歌詞如：「休勸諸親來台灣，台灣頭路甚艱難，台灣世界紛紛亂，分明不比我唐山。」——「台灣番薯哥歌」。又如：「在家若是幹檢點，何愁不富萬萬千，台灣不是人居住，可比番鴨大海邊。」——「渡台悲歌」。可見清時台灣地力已開始下降。

十一、福建大姓陳氏，族譜記載留台人數很少。大姓都如此，小姓更不必說。

福建南安縣陳氏族譜記載，從 1624 年荷據之前到乾隆 60 年（1795）為止的 171 年間，該姓歷年移居台灣者（來又回去者不算）只有 156 人，平均 1 年不到 1 個。其中 53 人終身未娶，17 人妻子在福建改嫁，37 人留籍未隨往，僅 49 人有妻（佔總數的 3 分之 1），而有妻的，若不是娶台灣番婆，還有什麼選擇？

陳姓是大姓，在台約佔總人口的 11％，南安

屬泉州五縣之一，依日據時代台民向日人申報籍貫的結果，泉州移民佔全台總數 44％。假設此數為真，以此估計，到乾隆 60 年時，累計中國對台移民也不過 16,000 多人。

乾隆初是移民全盛時期，嘉慶以後因無良地可墾而減少。黃金時期的累計移民都只這麼一點點，移民沒落時期更不必說了。這 16,000 人的開墾土地，以每甲 3.3 人折算，墾地面積僅 5,000 甲而已。但滿清的統計，到乾隆 60 年時，台灣已墾土地約 10 萬甲，顯示有很多土地確是番人所墾，推翻了台地漢墾的說法，也證明了以墾地折算閩客人口的方法沒有低估移民數目，反而是高估了。由於這 16,000 人之中有三分之二以上是終身光棍，只 4,000 多人有配偶，其中還不知有多少是娶了番婆的，台灣人那裏是中國人？

十二、福建「玉山林氏宗譜」顯示，來台者 9 成無後，而「在台出生者」，恐係乾隆 23 年被賜林姓的原住民及其後代。

福建晉江縣「玉山林氏宗譜」指出，該姓族人渡台始於鄭氏據台，當時只有 2 人，康熙年間亦僅 11 人，雍正至乾隆 5 年有 26 人，乾隆 6 年至 25 年有 43 人，累計 82 人。其中只有 7 人有眷屬，但在台都無後代，直至乾隆中葉才有 1 個後代出生。「很巧」，在這之後，「在台出生者」就越來越多，至光緒 20 年（1895）達到最高點，為 105 人，之後又劇減至 1921 年的 3 人，相當戲劇性。

林姓早在 1680 年以前就來台，但第 1 個「在台出生者」卻「恰巧」生在乾隆年間，和乾隆 23 年（1758）賜姓同一時期，這顯示，「在台出生者」恐係台灣原住民被賜姓林的漢化番。

由於滿清有「化生番為熟番，化熟番為漢人」的政策，台灣人被改成漢人、灌輸中國思想達 200 多年，產生失憶症，自認是漢人。所以 1895 年台灣

移交日本，不願被「異族統治」而搬回「祖國」，因此，
「在台出生者」劇減。台灣林姓如此，他族他姓也不
會好到那裏去，都患了嚴重的歷史失憶症。

十三、遷移是原住民農耕技術北傳，不是閩粵移民湧入。

　　荷蘭文獻顯示，1624～1661年荷據時期，屏
東的林邊、南州到台南的麻豆、佳里一帶，原住民
早已會使用犁、鋤，並且北傳，造成台灣開發由南
向北的現象，這種技術傳播，滿清將之稱爲人的「流
移」——漢人由南部跑到北部，是嚴重的誤導。今人
將之解釋爲「流動的閩粵移民」，並且進一步解釋，
台灣由南向北的開發是「流移」，是中國移民留下
的痕跡，完全是配合中國消滅台灣歷史的行爲。

十四、清國 3 次開放接眷，真正的眷屬來者無幾，大多是冒名偷渡，說明在台長住的閩客根本很少，所謂移民湧進台灣，是無稽之談。

滿清官報指出，雍正時開放接眷 1 次，乾隆開放 2 次，總共 3 次。前兩次來得很多，但事後查出多係冒名頂替、鑽漏洞偷渡的男性，等於是開放合法的偷渡。乾隆 26 年第 3 次開放台民搬眷，嚴格取締冒名頂替，執行完畢時，廈門同知張埰匯報：「各廳縣給照搬眷到廈，配船過台民人共 48 戶，計男婦大小共 277 名，其中查係漳泉民人在台灣大小衙門充當書辦衙役者居多。」假使在台閩客移民真有幾 10 萬或上百萬，為何只有 48 戶搬眷過台，而且多為滿清政府的工友而非移居的農民？乾隆 26 年時移民狀況都只如此，上述的陳氏族譜所記載，171 年滯台人數僅 156 人，並不少得誇張。而「玉山林氏宗譜」指出 136 年間來台僅 82 人，且都無後代，更慘。

十五、1875 年滿清政府以發薪水、免費搭船、免費提供耕牛、農具、種籽的方式，招徠閩粵移民來台開墾，墾成，田歸墾民。可是閩客不領情，暴露了台灣並非漢墾的事實，閩客只是亡命台灣，騙吃騙喝，撈一票就走，長期居留傳子傳孫，並不確實。

既發薪水又有各種優待，都沒有人要開墾了，而 1875 年前都是自費，且要冒生命危險，更不可能有人要來開墾。那麼閩客來台是幹什麼呢？做墾首剝削原住民佃農，或為流丐、強盜！

1875 年滿清招徠閩客入台開墾，免費乘船，無償供給口糧、耕牛、農具、種子等事實，《台東州采訪冊》記載，當年招墾局在廣東汕頭「招募潮民 2 千餘名，用官輪先載 800 名赴台灣，聞所招募半係遊手好閒之徒，不能力耕，1878 年裁撤招墾局，停止招募」。

可見，閩客只是假裝應募，意在銀兩，恆春招

墾失敗，證明台灣漢墾完全是假話。證據如下：

（一）閩客應募者意在每日口糧銀 8 分：

台灣文獻會：「墾民多屬浮浪之徒，爲貪慕口糧而來，弊端百出。」光緒 3 年（1878）恒春知縣黃延昭說：「台灣後山之開墾，於茲 3 年終無成效。宜廣募島內農民，開拓荒土。」但招了台灣島內農民來墾，一樣有問題，下述程邦基的話說明了一切。

（二）島內應募者意在搶上市炒地皮：

光緒 13 年（1888）恆春知縣程邦基說：「招墾應募者多係衙外胥吏及其親友，與衙役勾結，稔悉地理。於獲准開墾之後，轉賣他人，或僅壟斷權利。致膏腴之地，置諸荒廢。」

以上兩則事實，雖是清末之事，也可由此推知清初的情形：閩客來台僅爲混飯吃的小混混（見第 28 章，禁流丐、強盜碑文全台都有，不限於屏東），騙到不能騙了，就餓死台灣成爲萬應公，或者潛回中國。因爲滿清禁漢盜墾番地，規定如下：

1.「兵律」，私出外境及禁下海之罪則：

「偷入台灣番境及偷越生番地界者，杖一百；

抽籐釣鹿伐木採稷者，杖一百，徒三年。」

2.「戶律」，戶部則例：

「台灣奸民私暯熟番埔地者，依盜耕本律問擬，於生番界內私墾者，依越渡關塞問擬，田仍歸番。」

十六、台灣開發由南到北，是台灣人自己努力的結果。

1643 年 3 月 21 日，荷蘭的「大員日記」記載，屏東方面以稻米繳稅，並鼓勵麻豆、蕭壠（佳里）、目加溜灣（安定）、新港（新市）、大目降（新化）等地原住民，像屏東一樣多交一點米，證明當時原住民已有餘糧，絕非靠人力犁田可獲致。中村孝志所著《荷蘭時代台灣史研究》上卷第 65 頁敘述，「1650 年時，台南附近的一部分原住民，已經用牛，甚至已經知道用鋤和車。」由此可知，使用牛犁的耕田技術，屏東最先採用，然後台南、虎尾，中北部最後。荷據時期就已看出台灣開發是由南而北，是台灣人自己努力的結果。

十七、「化生番為熟番，化熟番為漢人」政策實施 200 年之後，滿清官吏仍知台灣都是假漢人。

1724 年藍鼎元〈論治台灣事宜書〉：「若云番地，則全台皆番疆……。宜先出示，令各土番自行墾闢，限一年之內，盡成田園，不墾者聽民墾耕。」全台皆番。1777 年改番為民，但 1885 年仍知：「台灣沿海八縣之地，番居其六，民居其四。」

十八、「漢人」乃漢化平埔族，在體格和臉形上當然無法區別。

1896 年伊能嘉矩的《平埔族調查旅行》顯示，當時的平埔族和「漢人」在體格和臉形上無法區別，因為「漢人」也是平埔族。「我分別到北投社（台北北投）與毛少翁社（台北士林）實地調查的結果，發現平埔族的習俗和語言都已經被漢人同化了，而且通婚的結果（雖然與漢人通婚的例子不多），年輕的平埔番在體格與面貌上已經看不出與漢人有什麼區

別。」亦即，伊能見到的「漢人」，其實都是漢化的凱達格蘭平埔族，因否定自己祖先，連伊能嘉矩也認定是「漢人」了。

十九、英國說台灣人是原住民，「台灣人是中國人」乃中國說的。

1860 年至 1861 年間，英國就到台灣設立領事館，除了外交事務之外，還兼調查民情風俗，對台灣「漢人」的「番底」知之甚詳。1947 年 228 事件發生時，英國報紙報導：「600 萬島民絕大多數是中國人，歡迎和中國合併。」英國外交部立刻糾正：「台灣人是中國人這話是中國人說的。其實絕大多數台灣人是原住民，自明以來不服中國。」原文如下：

Only because the Chinese call them Chinese! The great majority are aboriginals over whom the Chinese administration even in Ming times had little or no control. （原手稿見 p.70）

二十、1885 年 11 月劉銘傳上奏清廷反對設省時說：「台灣沿海八縣之地，番居其六，民居其四。」

意即告訴光緒，台灣漢人原來都是生番變的，雖然戶籍上在 1777 年已全部改爲民，也漢化了，但到 1885 年時，不願自稱漢人而背祖者至少 6 成（見第 19 章之例），其餘的 4 成背祖，但不脫「番底」，不能掉以輕心。此事若非事實，劉銘傳必犯欺君大罪，因爲自 1777 年起，全台既都是「民戶」了，那來的番？而且還不止 6 成！

註：除另有註明外，相關參考資料見拙著《台灣常識》所記。在此不一一列舉。

only because the
Chinese call them
Chinese! The great
majority are aboriginals
over whom the Chinese
adminⁿ even in Ming
times had little or
no control. :

Rw.S. 11/3

第四章

台灣血統的真實面貌

台灣族群最簡單的分法是：

（1）**高山族 9 族：**

泰雅族、布農族、排灣族、阿美族、卑南族、魯凱族、鄒族、賽夏族、達悟族。

（2）**平埔族 9 族：**

凱達格蘭族、雷朗族、道卡斯族、拍瀑拉族、巴宰海族、貓霧捒族、洪安雅族、西拉雅族、噶瑪蘭族。

其他分法還有：

（1）把太魯閣族、邵族從泰雅族、鄒族分出，成為高山 11 族。

（2）把高屏的馬卡道族從西拉雅族分出，成為平埔 10 族。

台灣各族原來只有社名，沒有族名，族名是

日本人給的。400 年前全台灣高山族約有 1 千多社，每社人口數十人至 4、5 百人，平埔族約有 2、300 社，每社數百人到數千人，屬於聚村式的集體生活。清康熙據台實施漢化，聚村式生活被打破，變成散村，故有兩、三萬社。高山族因在深山中，自古無法確切得知社數、社名。平埔族因生活於平地，被外來統治者同化，到了乾隆 56 年（1791）時，有案可稽者只剩 89 至 98 社，到了 1943 年日本調查時，則連 1 個平埔族人也沒有了，因爲都漢化，否認自己的祖先了。這是台灣人造的孽。

但依荷據到清初的資料，將主要的平埔族社名，依其所在地貼在台灣地圖上，可以發現和考古發掘到遺物的地點相當吻合。也就是說，有平埔族社名的地方，大都有古物發現，可見，平埔族在台灣確實已經存在好幾千年，不可能一下子消失，平埔族到底都跑到那裏去了？

平埔族沒有消失，高山族也一樣，台灣 2200 萬人口中的 2000 多萬就是他們。也就是說，除了 1949 年跟隨蔣介石來台及大陳逃來的那一批以外，

都有原住民血統或者就是原住民。因爲 1895 年日據之前交通不便，通婚地域不大，依歷史記載及各地區山河的限制來判斷，當時台灣各鄉鎮人口的主要血統歸屬應如第 7 章所列。

　　閱讀第 7 章時，應該瞭解，在山地和平地交接鄉鎮必然有平埔族和高山族混血種，在社與社交接之地，當然也有異社混血。尤其是縣界之處特別標出平埔族社名和高山族族名，提醒讀者，平埔族和高山族在交會地區可能混血，鄉界、縣界都不是血統的分界。

　　1895 年日據之後，交通方便，南北、東西各縣市人口來往密切，已經形成台灣民族，純種的平埔和山胞可能很少。不過第 7 章各表所標示的地名和社名的關係大都還存在，也就是說，什麼鄉鎮的人是那一社、那一族的血統，大體上還是一樣，雖有所改變，但不可能全部改變，故表上所列者，仍可提供有心尋根者一點線索。

平埔族各社分佈圖

還原台灣血統真相

漢化番變來台祖！
台灣閩客明明是原住民，
卻說祖先來自中國。
古人不識字好騙，
你也願意受騙嗎？

第五章

重寫台灣正確的歷史和血統

　　除了 1949 年的難民之外，台灣現住民不是高山族便是平埔族。前者發源於台灣，後者係南洋的南島民族，被洋流飄來台灣和高山族混血。最近有人研究，南島民族的祖先也是來自台灣，如此說來，平埔族和高山族祖先相同，台灣人是純粹的台灣血統。

　　高山族的歷史，可考的部分約有 7 千年，尚未可考的有 3 至 4 萬年。因為，在台南左鎮發現的人類遺骸，測出有 3 萬年的歷史，而最近在高雄大岡山出土的人類牙齒，年代在 4 萬年以上，但還不能確定他們是不是高山族的祖先。若是，以地緣關係來看，這兩位必然是鄒族，而台灣人的歷史，可從 7 千年推進到 4 萬年了。

　　7 千年也好，4 萬年也好，台灣的歷史沒有文

字記載，無人能知眞相。從公元 1624 年荷蘭入侵起到現在，都是外來政權統治，每一個政權都想把台灣據爲己有，因此歪曲台灣歷史，從唐山來的政權尤其厲害，甚至把台灣人騙成閩客，而台灣人也深信不疑，反而以純種閩客自居。近代的台灣學者也都被騙而不自知，照著已被扭曲的歷史去研究，造成對台灣歷史更大的扭曲，成爲中國的幫兇，台灣的罪人。

台灣整體血統概說：

因爲台灣歷史被扭曲，有關台灣開拓的著作汗牛充棟，但不管翻開那一本，對台灣各鄉鎮開墾的描述，都是千篇一律，「某某泉州人，或漳州人，或粵人，某時進入開墾，某時墾成。」以明示或暗示的方法告訴讀者，台灣各鄉鎮都是閩客所開墾，原住民都被趕到山上去了，所以，今日住在平地的，非閩即客，這是嚴重的誤導。閩客曾經來台，台灣人說的和佬話、客家話，就是向他們學的。但也因爲說和佬話、客家話，而被掛上了閩客的標籤。

現在真相大白，所謂的「某某泉州人，或漳州人，或粵人」，可能只是和官方勾結的墾首，申請了幾十或幾百甲的開墾許可（稱為墾照）之後，招佃耕種，坐收租谷。實際耕田的還是台灣牛——平埔族或高山族原住民。由於鄭、清積極漢化原住民，並且賜漢姓，說不定連所謂的「某某泉州人，或漳州人，或粵人」的墾首，也都是台灣原住民呢。

瞭解此一原由之後，就會知道，台灣人原來就是所謂的原住民。若台灣人屬閩客血統，老早就已絕種。因為，從公元 1624 年台灣開始有文字記載的歷史看起，所有的外來人種，荷鄭清日，很多都死於台灣的瘧疾、登革熱等傳染病，外人住台越久，越須面臨死亡的威脅，但台灣原住民卻不會。台灣既是疫區，而且直到日據時代才稍有控制，閩客如何免疫？如何老死台灣？

粗淺的醫學常識也告訴我們，若是純種閩客，嬰兒出生後的一、兩年內本身無抗體，抗體來源得自母乳，來台的閩客母親都自身難保了，還能保得住嬰兒嗎？可見，台灣不是純種閩客可以順利繁殖

的環境，台灣人怎麼會非閩即客？

　　以上事例，正反兩面都指向一個結論，台灣人就是台灣人，雖然滲有荷西日本閩客外來血統，但每人滲入成分不會很高。台灣人血管中所流的血液，還都是本地製造的。

第六章

台灣各縣市血統概說

屏東血統概說

　　6、7千年前，本縣屬排灣族領域，直到公元1400年前，大傑顛社、打狗社西拉雅平埔族馬卡道支族才從高雄跨過下淡水溪移居屏東，形成8大平埔社，亦即：阿猴社、搭樓社、武洛社（原稱大澤機社）、上淡水社、下淡水社、茄藤社、力力社、放索社等，最後三社可能是順流出海轉南而上陸。小社及散居者尚不計算在內。

　　隨著人口增加，當然要向東開拓生活領域。土地的取得是以牛、豬、粟、米和排灣族交換而來，不像閩客用欺騙或藉官勢強佔。平埔、排灣不斷繁衍，到了公元1800年，屏東的平原地區也都有平埔族了。這400年由西向東的開拓過程中，平埔族

和排灣族的血統融和是必然的。融和的事實使這兩族成為屏東人血統的主流，閩客血統微不足道，而且只有唐山公沒有唐山媽，其血統老早溶入原住民的血統之中。

屏東人既是原住民，為何有漢姓、漢族譜，而且講閩客語言？這是滿清強迫漢化的結果。和其他縣市一樣，當時的屏東人若堅持不漢化，很難生存，就像幾十年前不說「國語」的學生，在學校的日子很難過一樣。經過212年的強迫漢化，屏東人老早就忘記了自己的祖先，自稱是和佬人或客家人。

以下是各鄉鎮真正血統的梗概：

三地、瑪家、泰武、春日、獅子、牡丹、來義、滿州：排灣族血統。牡丹、滿州有卑南及阿美族，滿州鄉大多講和佬話。

鹽埔、枋寮、枋山、車城、恆春：排灣族血統為主，平埔族為輔，雜有和佬。恆春有萬金遷去的力力社西拉雅平埔族，部分遷往車城、滿州。然而一般以為，這5個鄉鎮都是和佬庄，這是漢化滅

祖的結果。

高樹、長治、麟洛、內埔、竹田、萬巒、新埤、佳冬：排灣族血統為主，平埔族為輔，雜有客家。但一般人以為這8鄉是客家村落，事實不然。這是排灣族客家化、「六堆」故事誇大所造成的錯誤。詳見本書第28章「血統檢驗否定客語群是漢人」。高樹直至乾隆時，尚有大澤機社平埔族。

霧台：魯凱族。

屏東市：阿猴社，屬西拉雅平埔族馬卡道支族。原稱打狗社，由旗後經大樹遷來，和排灣族共存而融合。荷時已在屏東市，當時就有1千多人，向東北方向墾殖。鄭、清入據時，大部分原地漢化，依照滿清規定，棄社立庄成街。1721年後，由社地阿猴寮向大埔、番仔埔、麟洛、長治方面拓展，拒絕漢化者，已開墾到德協、番仔寮、龍泉。1821年時，到達更東邊的隘寮。但回頭看屏東市，乾隆地圖所示之阿猴街，乃阿猴社漢化而來，證明平埔族是就地漢化而非被趕走。1897年時不漢化者，只剩番仔埔20幾戶，隘寮方面也僅有40幾戶，頭

人潘春鳳。阿猴社緩慢移殖，路線經麟洛、長治到達內埔，在這 3 鄉，當然也留下了平埔血緣。

九如：阿猴社、搭樓社。各由屏東、里港繁衍而來，和排灣族共存而融合。

里港：搭樓社、武洛社，屬西拉雅平埔族馬卡道支族。由左營遷來，和排灣族共存而融合。荷時搭樓社已在此，為其行政中心。1821 年時，不漢化者由搭樓番社遷往高樹的加納埔，有的遷內埔的隘寮。公元 1825 年（道光 5 年）的文件有漢名王玉良的「社番」通事，顯示當時該社已相當漢化。從里港遷內埔，是向東南的鹽埔拓殖，打通田埂路到內埔，過程緩慢，約有 200 年，因鹽埔也是搭樓社和排灣族共同開發，所以鹽埔人的血統除有原住民的排灣族以外，必然也有搭樓社的平埔族血統。武洛社，乾隆時才有，可能係大澤機社分來。後來只存武洛社，大澤機社消失。荷據時人口有 1、2 千人，1721 年時，這兩社的開墾地區包括里港到加蚋埔（今名泰山）。

萬丹：在社皮的西拉雅平埔族為上淡水社，

在香社者為下淡水社，在萬丹者為萬丹社，屬西拉雅平埔族馬卡道支族。原稱打狗社，由高雄港經大樹遷來，和排灣族共存而融合。荷時（1650 年）3 社人口加起來就有 3,703 人。1721 年，上淡水社不漢化者已能安全遷至杜君英（在今內埔），顯示平埔族開發的迅速。1821 年時的文件顯示，本社已在中林、番仔埔、柳仔林打下基礎，所以，必然在從萬丹經竹田到內埔的沿途留下平埔血緣。下淡水社，1707 年的頭目阿里莫，1721 年，不漢化者已從香社遷到竹田，1821 年部分再遷老埤、中林，其後代目前尚可辨識。1880 年，本社屯千總為劉天水，佾生邱貞吉、陳飄香、王有祥，頭目王力良、劉盈科，番耆趙三貴、劉振元、潘有義、劉登貴、潘三光、潘阿妹、趙紅孕、潘肇基、潘紅孕、邱仕開、趙應開、潘貴生、林海生、林開賢、潘阿望等。年紀大一點的人應可認出他們是誰的祖先。1897 年下淡水社頭目是潘乾坤。萬丹社在鄭時（1683 年前）就已漢化，不再承認自己是平埔族，外人也看不出。上淡水社、下淡水社的移殖路線，係由萬丹

經竹田到內埔。所以，竹田人和內埔人除了原有的排灣族血統之外，必然還有這兩社平埔族的血統。所謂竹田是「六堆」的開基地，恐怕是神話。

新園：下淡水社，由萬丹的下淡水社繁衍過來，和排灣族共存而融合。放索社由林邊、東港方向擴張而來。

崁頂：力力社，屬西拉雅平埔族馬卡道支族。原稱大傑顛社，由左營以北地區經大社遷來，和排灣族融合。荷時已在此，當時人口已有 1 千多人。力力社不斷向東北方向開墾的結果，1721 年後，潮州墾成，進入萬巒。不漢化者已能安全遷至萬巒的萬金，1821 年左右，開墾又有進展，部分又遷走，去尋找更大的天地。他們經潮州至萬巒南部的加匏弄庄，也有遷車城、恒春的。顯見此時萬巒已被力力社族人開墾出來了。

潮州：力力社，由崁頂繁衍過來，和排灣族共存而融合。

南州：茄藤社，屬西拉雅平埔族馬卡道支族。原稱大傑顛社，由左營之北經大社，由下淡水溪搭

船南下，在佳冬上岸開墾，之後再往北墾入南州，和排灣族融合。荷時人口 1 千多，往東方的新埤繼續開拓。鄭據，不服者為鄭氏所迫害，1721 年前，漢化者原地漢化，不漢化者安全遷往番仔庄、番仔店，1821 年時，不漢化者遷往餉潭、萬弄庄、糞箕湖。從荷據至 1821 年大約 200 年間，茄藤社及排灣族已由南州開墾到新埤東方的山腳下了。

林邊：放索社，屬西拉雅平埔族馬卡道支族。原是大傑顛社，由左營之北經大社遷來，和排灣族共存而融合。荷時已在此，人口 1 千多，往東南方的佳冬、枋寮開拓。鄭時，同族有自大社不願降鄭的阿加社人加入放索社。1721 年後，不漢化者已能安全遷至水底寮東方的番仔崙、埔姜營，可見放索社人開墾的迅速。1821 年左右已能在新開、內寮、頂營立足。顯見 200 年內放索社的努力，使林邊經佳冬到枋寮一帶的洪荒變桑田。

東港：放索社，由林邊繁衍過來，和排灣族融合。

小琉球：族人 5、6 千年前由南洋飄流至此，

屬南島民族，清時稱爲小琉球社。〈番俗六考〉云：「新港、蕭壠、麻豆各番，昔住小琉球，後遷於台南。」當然，昔住小琉球者也「遷於」高雄。1897年，據下淡水社頭目潘乾坤口述，屏東各平埔社係來自左營的大傑顛社、高雄港的打狗社，而這兩社和台南平埔族同一祖先。由此可知，屏東各平埔社也是來自小琉球，而小琉球人可能是幾千年前從南洋被洋流流走，擱淺在小琉球而上岸，開始寫起高屏、台南歷史。

荷蘭血統：1635年聖誕節，荷蘭攻入屏東市，擴大佔領鄰近地區。小琉球、新園、萬丹、屏東、里港、林邊、恆春等鄉鎮也是荷蘭攻入之地，必然也有荷蘭血統。

泉州血統：鄭氏佔地屯墾，長期居留，必然留有泉州血統。車城、射寮、網紗爲鄭氏屯墾區，所以很早漢化，不少和佬人娶排灣妻，混血兒稱爲「土生仔」。不過恆春人大都不知道這段歷史。

和佬血統：見拙著《台灣常識》第四章第二節「淪陷區意識、血統漢化之例——屏東」。文中閩

客「入墾」某地，大多係指靠關係取得某地墾照當墾首，自己不耕種，讓給原住民耕種收租謀利，短期發財就走，只極少數留下血緣。例如何周王在康熙46年（1707）佔得萬丹、竹田附近千甲土地，招了4個傅姓漢人當中介者，再由他們去招鄰近的下淡水社、萬丹社平埔族進行開墾工作，何姓墾首坐收大租，傅姓墾戶收小租，耕田的平埔族為佃戶，靠天、靠勞力吃飯，還要被何、傅等中國人剝削。但是一頭牛被剝兩層皮之外，開墾的功勞還輪不到台灣番仔牛，屏東歷史記載的，必然是由何姓或傅姓墾成，絕對不會是原住民。

更好笑的是，1707年時的何姓、傅姓本人早已回唐山，否則必死於屏東的瘴癘，可是在新園、鹽埔，何姓子孫滿堂，竹田傅姓是大族，這顯然因當時的平埔族佃農為了漢化需要，就以「田頭家」的姓為姓，以他們的語言為語言、族譜為族譜，搖身一變而為閩客。盲目的歷史學者就說何姓和佬在新園定居繁衍，而傅姓客人在竹田開基，現在的何姓傅姓就是當年的何姓傅姓的子孫。

客家血統：清據時客家人來過屏東，留下客家話，但不一定留下血緣。客家人進入屏東的時間如下：

六堆及萬丹、里港： 1690 年代及 1700 年代初，以亡命之徒的身份進入萬丹、里港之載興、茄苳及六堆鄉鎮，亦即竹田、麟洛、內埔、長治、萬巒、佳冬、新埤、高樹。1721 年助清鎮壓朱一貴，匪徒一躍而為「義民」，是今日「立委」黑金漂白的濫觴。

車城： 1720 年代進入蚊蟀埔。

高雄血統概說

　　從 6、7 千年前開始，全域都屬鄒族範圍，直到 4、5 千年前，西拉雅平埔族才從屏東小琉球漂來，先期在大樹地區登陸，沖積平原形成後，後到者再在左營北部形成大傑顛社，在鼓山以南形成打狗社，稱為馬卡道支族。

　　平埔族和鄒族在此融和數千年，公元 1400 年左右，過著游獵生活的原住民因所需生活空間增大，人雖不多，但也感不敷使用，於是涉過下淡水溪到屏東，向排灣族以物換地。

　　各鄉鎮市基本血統的梗概如下：

　　桃源、三民、美濃、六龜：鄒族（高山族）為主要血統。5、6 千年前，本族發源於玉山，沿玉山的荖濃族、楠梓仙溪來到高雄。

　　茂林：鄒族、排灣族、魯凱族。

　　高雄市、鳳山、鳥松：打狗社，屬西拉雅平埔族馬卡道支族。該族從鼓山東南地區上陸。起初有海盜騷擾，靠近海岸者，東移而散居，似未聚集

成社。留在鼓山海岸地區者，1550 年時仍然聚居生活，稱爲打狗社。這段期間以千年計算。東移者，先在鳳山、鳥松開墾，慢慢向大寮、林園、大樹拓展，其後越過下淡水溪，向屏東發展。荷蘭據台，東移者更多。鄭、清強迫漢化，不接受者也只有東移逃避統治，其遷移的過程，寫下被鄭、清欺凌的血淚史。但接受漢化者居大多數，放棄台灣人的身份，在原居地搖身一變爲漢人，因多數人都如此，所以不覺得可恥。

大寮、林園：打狗社、大傑顛社。

茄萣、湖內、路竹、岡山、燕巢、旗山、彌陀、永安、橋頭、梓官、大社、橋頭、仁武、左營：大傑顛社，屬西拉雅平埔族馬卡道支族。因地緣關係，丘陵地區混有鄒族血統。其歷史遭遇和打狗社相同。本社也向東拓展，以聚居方式爲主，但社名因地而異。本社人口，鄭據之前已開墾到維新里的大社、下社。降鄭者做順民，不降者先遷尖山開墾，一、二十年後又感漢化壓力，漢化者原地不動，不接受漢化者再往羅漢門、蕃薯寮開墾。不降

鄭的大社居民，部分遷至屏東林邊的放索社。在旗山附近的口隘、中隘、尾隘，100 年前尚有 75 戶 280 人，是當年不願漢化者的後代。但形勢比人強，到 1910 年，承認自己是平埔族者只剩男 91 人、女 111 人。本社在 260 年前降清，公元 1763 年從旗山遷口隘。頭目爲大毛鸞。在燕巢尖山村的尖山社，亦屬大傑顚社，從路竹移來，1727 年出現在地圖中，1875 年尚存有典字。旗山一說屬大不利安社，可能是大傑顚社 Tapuyen 音譯不同而已。

大樹：於北大樹者爲大傑顚社、南爲打狗社，均有鄒族血統。

甲仙、杉林、六龜：四社，屬西拉雅平埔族。由台南繁衍過來，有濃厚的鄒族血統，乾隆初歸化。1910 年尚有 6,374 人承認自己是平埔族。

內門：新港社，屬西拉雅平埔族，有濃厚的鄒族血統。清初由新市逐漸往內門土庫方面拓墾，1910 年尚有男 733、女 811 人承認是平埔族。

旗山、大樹交界之嶺口：搭樓社。與屏東搭樓社西拉雅平埔族同宗而混有排灣族血統。又因在

高雄，故也有鄒族血統。

田寮、阿蓮：水蛙潭社，為屏東搭樓社的分支，屬西拉雅平埔族馬卡道支族。有排灣族血統，也有鄒族血統。公元 1825 年（道光 5 年）的文件有漢名何武的「社番」通事，從番取漢名來看，當時水蛙潭社已經漢化很深。

荷蘭血統：1624 年荷蘭人就進入岡山、路竹、大樹，高雄港可直通印尼，這些地方可能留下荷蘭血統。

泉州血統：鄭氏據台時期在下列地區屯墾，這些地區自古是平埔族不可分割的領土，但因鄭軍在此久屯，必定混有泉州血統。

（1）鳳山、仁武。屯兵約始於 1661 年，最早。

（2）路竹：營前庄、營後庄、竹滬庄、半路竹民社。

（3）岡山：前鋒庄、後協庄、中衝庄、三鎮庄。

（4）永安：北領旗庄（維新村）。

（5）燕巢：角宿庄、援剿右庄、援剿中庄。

（6）高市：楠梓後勁庄、左營庄、右衝庄、前鎮庄、旗後街。

（7）仁武：仁武庄、考潭社、赤山仔庄、灣仔內庄、後庄仔庄、竹仔門庄。

（8）鳳山：中權庄。

和佬血統：見拙著《台灣常識》第四章第一節「滿清蠶食台灣各鄉鎮市的經過」高雄縣、市部分。文中閩客「入墾」某地，大多係指靠關係取得某地墾照當墾首，再將墾照內的數十甲或百甲荒地出讓給原住民開墾，坐收租金謀利。他們短期發財就走，僅少數留下血緣和開墾某地的名聲。實際開墾者是原住民。

◎高雄人血緣的歷史見證

■ 社名的消滅

以下各社都早已進入歷史，讓後代子孫憑弔。

打狗社：1550 年代尚在高雄鼓山，部分移大樹，最後消失。

尖山社：在燕巢尖山村。從路竹大傑顛社移

來。1727 年出現地圖中，1875 年尚存有典字，現已消失。

水蛙潭社：在田寮七星村，里港搭樓社分支。康熙年間歸化，1870 年尚存有契字，現已消失。

搭樓社：在旗山、大樹交界之嶺口。1624 年前已在里港，1764 年存有契字，現已消失。

大傑顛社：1807 年在旗山、溪州附近（三協地區）。1624 年之前已在路竹。1910 年尚有男 91、女 111 人，共 202 人。

新港社：清初由新市移住內門土庫。1624 年之前在赤崁，移新市，1910 年尚有男 773、女 811 人，共 1,584 人。

四社平埔：乾隆初歸化，在甲仙、杉林、六龜。1624 年之前已在烏山山麓。1910 年尚有男女共 6,374 人。

■ 原始名字和社名先後被消滅

下述 8 例都是台灣人典賣土地，從其姓名可知，乾隆 19 年（1754）以前就有人冠漢姓用漢名。

假使契約書中未提及典賣人是「社番」或「某社」的人，他一定被認為是漢人。現在用地契來證明漢墾台灣的人很多，其錯誤顯而易見。地契上所謂的漢人，其實是較早漢化的「番」，冠漢姓，成為社番某某某，如（1）（2）（3）例。他們有漢的優越感，也有番的自卑感，矛盾之餘，乾脆改「社」為「庄」，放棄原屬番社（見第11章），不再自稱「社番某某某」，而只稱某某某，讓漢姓名掩蓋自己的番底。光看地契姓名就斷為漢人，是錯的。

（1）立典契人尖山社番趙順英，乾隆57年典過……中人。

　　　尖山社土目趙戳記　嘉慶捌年參月

（2）立契字水蛙潭社番張天來，外託中引承典……。

　　　立契字人張天來　乾隆十九年正月

（3）立杜絕賣契人搭樓社李佛生，托中引承買……。

　　　立杜絕賣契人李佛生　乾隆參拾年貳月

（4）立賣杜絕契字人大傑顛社番婦林大兵……。

知見人土目通事吳連　嘉慶拾陸年貳月

（5）立賣杜絕契字人大傑顛社番婦林濺托中……。

知見大傑顛土目李成德戳記　嘉慶貳拾年捌月

（6）立賣契人新港社番沙來乏銀費用，托中……。

中人　新港社土目大耳戳圖記　乾隆貳拾伍年拾壹月

（7）立給墾字人新港社番婦沙加來祖園給子……。

中人新港社土目毛廷玉圖記　乾隆參拾壹年拾貳月

■ 祖先的消滅

（1）鼓山區原為平埔族打狗社社地，1563年林道乾殺掠之後，部分滅祖，部分遷移阿猴林（大

樹地方），消失。

（2）茄萣鄉新打港，1601 年《東番記》記載為平埔族居住地。現已滅祖。

（3）大樹鄉的龍目、小坪、竹寮，舊稱阿猴林。1563 年鼓山打狗社遇中國海盜洗劫遷此。現已滅祖。

（4）大社鄉古為阿加社，鄭成功在此屯田，部分滅祖，部分遷往屏東林邊，改稱放索社，現已無人承認。

（5）橋頭鄉仕隆村，1664 年尚有哆吧思戎土社。現已滅祖。

（6）岡山鎮後紅里，1652 年荷蘭聯合本地平埔族剿滅郭懷一。

（7）路竹鄉社東、社中、社西，1635 年就有大傑顛社，鄭成功在此屯田，部分滅祖，部分遷往燕巢尖山、旗山、內門。

台南血統概説

　　6、7千年前，鄒族從玉山順著曾文溪下游到台南，故全域原都屬於這族的範圍。5、6千年來，赤崁社、台窩灣社西拉雅平埔族人先期從屏東小琉球漂來左鎮地區和鄒族混血，爲大武壠族群，又稱四社平埔族。沖積平原形成後又有漂來台南者，荷據前後形成新港社及蕭壠社、麻豆社。赤崁社、台窩灣社、新港社、蕭壠社、麻豆社，和鄒族雖也有血緣關係，但距山較遠，不如大武壠社密切。

　　台南各鄉鎮市基本血統的梗概如下：

　　南化、楠西：鄒族、四社平埔族。

　　東山：鄒族；哆囉嘓社，洪安雅平埔族；蕭壠社，西拉雅平埔族。

　　白河：鄒族、哆囉嘓社。

　　後壁：哆囉嘓社。

　　台南市安平區、歸仁、仁德：台窩灣社，西拉雅平埔族。

　　台南市南區：台窩灣社、赤崁社。

台南市東區、中區、西區、北區：赤崁社，西拉雅平埔族。

　　安南區：台窩灣社、赤崁社。

　　新市：新港社、芋匏社、赤崁社，西拉雅平埔族。數千年前從屏東小琉球漂流到台南，荷據後已開墾到新市，1639 年順服荷蘭統治的人口有 1,047 人，受洗為基督徒者 1,047 人。不服荷蘭統治者遷新市，但有不少族人留在赤崁。鄭、清相繼入據，實施漢化政策，大部分居民別無選擇，雖有不願漢化者，但為了生活，最後都屈服了。不幸的是，漢化後居然都數典忘祖，不再承認自己是平埔族，反而自稱是和佬。所以，1897 年時，不背祖者只剩新港庄 60 戶、隙仔口庄 100 戶、岡仔林 200 戶、木柵庄 150 戶、柑仔林庄 200 戶。

　　永康：新港社、台窩灣社。

　　佳里、將軍、西港、七股、鹽水、柳營、新營：蕭壟社、歐王社，西拉雅平埔族。數千年前來自屏東小琉球，開始繁衍並有開墾的痕跡，其被迫漢化的悲慘歷史和新港社相同。1639 年順服荷蘭統治

的人口有 2,600 人，受洗爲基督徒者 282 人。康熙
至乾隆 27 年之前，不漢化者已有遷往東山鄉東河
村（吉貝耍）的記錄，可見乾隆 27 年之前，蕭壠社
的西拉雅族人所開墾的鄉鎮必已涵蓋將軍、學甲、
鹽水、新營，故能閃過麻豆社，形成從佳里到東山
的通路。但 1897 年只剩佳里番仔寮 17 戶 40 多人
承認自己是平埔族，其餘皆漢化滅祖。

　　麻豆、官田、下營、六甲：麻豆社，西拉雅
平埔族。幾千年前來自屏東小琉球。天生不屈，長
期反抗荷蘭及外來人種統治，1639 年順服荷蘭統
治的人口有 3,000 人，受洗爲基督徒者 215 人。自
有歷史記載之時，係居住在麻豆庄內竹林與古榕叢
生處，向官田、下營、六甲方面開墾，200 年之前，
大多數漢化改稱和佬人。厭惡漢化者東移至番仔田
（隆田，陳水扁的故鄉西庄），當時還有 200 戶 1,000
人。但 1897 年時只剩 60 戶 200 人。可見形勢比人
強，不漢化者無法生存。1891 年 10 月 9 日社內文
書記載，有老番米文益、葉老英、陳振旺、李財、
李獅、陳定、陳銅治、陳同，通事陳朱陸、蔡新拔，

陳姓居多數。誰是這些人的後代？應該可以查出來認祖歸宗。

新化、關廟、龍崎：大目降社、木岡社、卓猴社，西拉雅平埔族。1639 年順服荷蘭統治的人口有 1,000 人，受洗為基督徒者 209 人。1897 年卓猴社剩拔馬庄 90 戶 400 人。

安定：目加溜灣社，西拉雅平埔族。1639 年順服荷蘭統治的人口有 1,000 人，受洗為基督徒者 261 人。

善化：目加溜灣社。

左鎮：四社、新港社。

山上：四社、新港社。

玉井：大武壟社（四社）。

大內：四社、目加溜灣社。

學甲、北門：學甲社。是蕭壟社的一支。

日本血統：在荷蘭之前，日本人已在台南定居，據說荷蘭人是以鹿皮和日本人交換，請其讓出台南。1626 年西班牙所畫的台南地圖，在安定、西港、麻豆及佳里之間還有日本村落，所以，台南

人應有日本血統。

荷蘭血統：佳里、麻豆、赤崁是荷蘭據台行政中心，傳教士娶平埔女子，荷女嫁平埔頭目，此地又是荷蘭的大本營，前後 38 年之久，故台南縣市居民有相當高的荷蘭血統成分。目前，在台南地區尚可看到不少臉型像荷蘭人卻講台灣話的人。

泉州血統：鄭氏據台時期在下列地區屯墾，這些地區雖自古是平埔族不可分割的領土，但因長期屯軍，居民之中必定有人混有泉州血統。

後壁：本協庄、上港公民社、下港公民社。

新營：新營庄、後鎮庄、太子宮堡、鐵線橋堡。

鹽水：舊營庄。

柳營：五軍營庄、果毅後庄、查畝營庄。

六甲：林鳳營庄。

下營：中營庄、下營庄。

官田：二鎮庄、中協庄。

左鎮：左鎮庄。

善化：小新營庄。

西港：後港庄、上中洲民社。

新市：大營庄、新港半番民社。

將軍：後紅仔民社。

新化：大香洋民社、小香洋民社、大目降民
　　　社。

永康：鯽魚潭民社。

台南市南區：瀨口民社、鹽埕民社。

和佬血統：見拙著《台灣常識》第四章第一
節「滿清蠶食台灣各鄉鎮市的經過」台南縣、市部
分。文中閩客「入墾」某地，係指靠關係取得某地
墾照當墾首，再把荒地轉給平埔族開墾，自己在台
南市遙控收租謀利。這種生意，北至嘉義，南至屏
東，通常三年就可發財，有錢就走，久留危險，因
爲他們對瘴癘無抵抗力，留下血緣的，屬極少數。

客家血統：清據時客家人來過台南，留下客
家話，但不一定留下血緣。客家人進入台南的時間
爲：

台南市： 1729 年小北門建三山國王廟（潮州揭
陽中山、明山、獨山之神）。這些客家人可能是從屏

東流浪至此。1721 年的《台灣縣志》記載：「客
人多處於南、北二路之遠方，近年以來，賃住四坊
（台南府城）內者，不可勝數……一人稅屋，來往
不啻十數人；奸良莫辨。」

嘉義血統概說

6、7千年前，鄒族從玉山順著溪流到阿里山，下山到嘉義平原，故全域原都屬於這族。數千年前，平埔族到達之後，兩族在平地開始混血，混血後的新種族，不叫鄒族卻稱為平埔族，已知的平埔社名，有諸羅山社和打貓社，諸羅山社可能是從朴子方面遷來。目前，諸羅山社和打貓社也被子孫拋棄，只剩阿里山及鄰近地區還可找到稱為鄒族的人。

嘉義各鄉鎮市的真正血統大概如下：

阿里山：鄒族（以前稱曹族），屬高山族。

嘉義市、水上、鹿草、義竹、布袋、朴子、太保、中埔、大埔、番路：諸羅山社，屬洪安雅平埔族。中埔、大埔於清康熙時有客家人流浪到此，因此很多「社番」學客語，學到子孫自稱是客家人。真正來此的客家人是流浪漢，有無留下後代，有待驗證。諸羅山社最初可能在朴子，因不堪海盜侵擾而遷嘉義，鄭時降鄭，康熙時降清，就地漢化。180年前不漢化者尚有100多戶，1897年只剩嘉義

市番社街 10 多戶 20 多人。漢化確是時代的壓力，但外表漢化，內心無須漢化，若因漢化的緣故而抵死不認自己是原住民，實在可悲。

朴子，一說 1624 年顏思齊、鄭芝龍來此之前，是平埔族覺妻妻社所在地，之後可能利用水路溯朴子溪而上，遷到嘉義形成諸羅山社。另外，傳說顏、鄭二盜在北港到朴子一帶開墾十寨，帶來移民潮。海盜上陸開墾的可信度不高。因為，若願規矩做人，為何當海盜？還有，顏思齊到嘉義山上打獵，染上了瘧疾，不久就死，可見，命都保不住了，還開墾？故開墾十寨之說顯然不可信，劫掠、騷擾台灣人倒是真的。

民雄、新港、東石、六腳、溪口、大林、梅山、竹崎：打貓社，屬洪安雅平埔族。遭遇和諸羅山社相同，可能是在北港被顏思齊、鄭芝龍略奪、騷擾，逆溯北港溪而遷到民雄地區。康熙中葉降清，隨即漢化。1897 年只剩民雄竹林內 8 戶 21 人承認是平埔族。史書記載本社族人「多娶漢女」，其實娶的也是平埔族，只不過是漢化的新娘，那來的「漢女」？

荷蘭血統：荷蘭早期入據嘉義，1661 年兵敗逃亡，也到嘉義，必定留下不少荷蘭血統，目前尚有外形像西洋人的嘉義人。諸羅山社於 1647 年有 993 人投降荷蘭。打貓社於 1647 年投降荷蘭，社番人數 317 人，荷蘭在此設立行政中心。

　　泉州血統：鄭成功集流亡開屯戍，「漢人間佔草地與土番錯」，鄭軍開墾鹿草、嘉義，民戶也墾嘉義及六腳、朴子、太保、民雄而留有泉州血統。

　　和佬血統：見拙著《台灣常識》第四章第一節「滿清蠶食台灣各鄉鎮市的經過」嘉義縣部分。1683 年滿清入據，次年，康熙 23 年，設縣治於諸羅山，其地為鄭氏故營址，因以命名。文中閩客「入墾」某地，大多指靠關係取得幾十或幾百甲土地墾照當墾首，再將荒地租給原住民開墾，閩客收租不勞而獲。他們大都害怕台灣瘴癘，短期發財就走，僅極少數留下血緣，開墾還是靠原住民。

　　客家血統：清據時客家人來過嘉義，留下客家話，但不一定留下血緣。客家人進入嘉義時間為公元 1700 年左右，在中埔、大埔。

雲林血統概說

　　6、7千年前，鄒族從玉山而下，順著陳有蘭溪、清水溪，到達濁水溪、北港溪流域的雲林，故全縣原都屬於鄒族。但數千年前平埔族到達之後，兩族在平地開始混血，混血後的新種族，後人稱爲洪安雅平埔族。雲林人本都是平埔族，因爲漢化的緣故，現都自稱是和佬人或客家人。

　　各鄉鎮市眞正血統的大要如下：

　　斗六、古坑：斗六社，屬洪安雅平埔族。鄭時歸順，康熙中葉再降清，改稱柴裡社，頭目老眉德。斗六在清康熙時有客家人流浪到此，但並未把斗六變成客庄。1689年，斗六社「社番」漢化者棄社名改稱和佬庄，不漢化者遷出，部分遷去埔里鹽土庄。1850年左右，鹽土庄也漢化了，斗六社二度分家，不漢化者再遷埔里，1897年只剩21戶64人。

　　崙背、土庫、褒忠、東勢、麥寮、台西、口湖、四湖、水林、元長、北港：貓兒干社、南社、土庫王社，屬洪安雅平埔族。

　　斗南、大埤、虎尾：他里霧社，屬洪安雅平埔

族。鄭時歸順，康熙時降清，就地漢化。1897年不漢化者只剩20戶57人。文獻記載，社男「多娶漢女」，其實娶的是漢化的平埔女性，否則，連平埔族都有漢女可娶，怎麼還會有「有唐山公，無唐山媽」的傳說？

西螺、二崙、莿桐、林內：西螺社，屬貓霧捒平埔族。和彰化方面的血統相同。據說濁水溪以前是在西螺之南，改道之後才在西螺之北。故改道之前，西螺與彰化屬相同的地理區域，因此同為貓霧捒族，而非雲嘉地區的洪安雅族。

荷蘭血統：1641年荷蘭進入北港，在大埤築紅毛埤，虎尾為行政中心。這些地方現應仍可找到荷蘭血統。

泉州血統：鄭氏入據，民墾古坑、鄭軍屯駐崙背，留下泉州血統。

和佬血統：見拙著《台灣常識》第四章第一節「滿清蠶食台灣各鄉鎮市的經過」雲林縣部分。閩客「入墾」某地，很多是靠關係取得墾照，自己當墾首，中間剝削，短期發財就走，僅少數留下血緣，開墾仍靠雲林原住民。

彰化血統概說

6、7 千年前，鄒族從玉山而下，順著陳有蘭溪、清水溪，到達濁水溪北岸的彰化，故全縣原都屬於鄒族。但數千年前平埔族從南洋飄來，兩族混血，後人稱為貓霧捒平埔族。經鄭氏及滿清成功地把平埔族漢化，本是平埔族的彰化人，現都自稱是和佬人或客家人。

各鄉鎮市的真正血統概略如下：

彰化市：阿束社、半線社、柴坑仔社，屬貓霧捒平埔族。是荷據時的行政中心，清初漢化。1829 年不漢化者遷埔里下梅仔腳，後來和眉裡社合併，頭目海。1897 年頭目林四季。

線西、伸港、和美：半線社、紫坑仔社，皆貓霧捒平埔族。

埤頭、北斗：東螺社，貓霧捒族。1829 年，不漢化者遷埔里林仔城，頭目貓信。

鹿港、福興、秀水、埔鹽、花壇、大村：馬芝遴社，貓霧捒族。鄭時歸順，1850 年左右，不漢

化者遷埔里興吉城庄，與二林社合併，頭目林勤。

二林、芳宛、大城、竹塘：二林社，貓霧捒族。鄭時歸順，1850 年時不漢化者遷埔里興吉城庄，與馬芝遴社合併，頭目林勤。

溪州、田中：眉裡社，貓霧捒族。1829 年，不漢化者遷埔里下梅仔腳，後來和阿束社合併。一說田中屬紅毛社，可能是大武郡社的分支，或有某種關係。紅毛社存在於 1760 年左右的乾隆地圖。

社頭、員林、埔心、永靖、二水：大武郡社，屬洪安雅平埔族。清雍正年間，因滿清據台範圍擴大，管不著的番界縮小，在清廷眼中屬於亡命之徒的客家人不去嘉義，改向北流竄到埔心、永靖。隨著滿清佔據區的再擴大，亡命來台的客家人只好再往台中、苗栗、桃園等山邊番界找尋藏身之所。詳見本書第 28 章「血統檢驗否定客語群是漢人」。

溪湖、田尾：大突社，屬洪安雅平埔族。

芬園：貓羅社，屬洪安雅平埔族。1850 年左右，不漢化者遷埔里。

荷蘭血統：荷蘭曾在八卦山挖紅毛井，顯示

曾在此長期停留，留下荷蘭血統是合理的推測。

　　和佬血統：見拙著《台灣常識》第四章第一節「滿清蠶食台灣各鄉鎮市的經過」彰化縣部分。所謂閩客「入墾」某地，很多是靠官方關係取得某地墾照當墾首，或者以番社公款開圳，圳成，以之換地謀利，等於是拿台灣人的錢做生意，六館業戶就遭到這種指控。閩客大多短期發財就走，僅少數留下血緣。彰化土地的開墾者是原住民，不是閩客。

　　客家血統：清據時客家人來過彰化，留下客家話，但不一定留下血緣。客家人進入彰化的時間為：

　　北斗：1715年黃利英進入。1721年嘉應李安善進入北庄。

　　永靖、埔心：1731年彰化牛埔、香山里附近的阿束社抗暴，粵民援清對抗阿束社而戰死18人，這些粵民可能是永靖、埔心方面的客家人。

　　埤頭：1733年進入。

　　彰化、員林、鹿港：乾隆年間（1735～1795），彰化、員林、鹿港建三山國王廟。眾數千，

助清平定林爽文，也算「義民」。此處的「眾數千」，講客家話，但不一定是客家人。

台中血統概說

6、7千年前，玉山下的鄒族和發源於豐原大社的巴宰海平埔族在此區接觸。後來，南投方面的洪安雅族西進、彰化方面的貓霧捒平埔族北上，苗栗方面的道卡斯平埔族南下，產生混血，誕生了拍瀑拉族。這幾族再加上泰雅族，構成了台中人的血統網。

不過，鄭、清漢化成功，台中人本是平埔族和高山族的混血，現都自稱是和佬人或客家人。

各鄉鎮市的真正血統大要如下：

和平：泰雅族，屬高山族。

霧峰：萬斗六社，屬洪安雅平埔族；泰雅族。140年前，拒絕漢化者遷往埔里的文頭股庄及中心仔庄，頭目李水色。留在霧峰原地者，大多是漢化的平埔族或泰雅族。但霧峰居民大多不接受此一事實，反而強調「番仔」都被趕到山上去了，自己堂堂是和佬人，設若庄內還有原住民，鄰居或別人才是，自己不是。霧峰林家名人林獻堂漢化甚深，祖

先也有當官的。日據時代，他在上海高喊戰後台灣應「回歸」中國，而被日本政府找麻煩。228事件後才醒悟，中國不是祖國，應該做台灣人，走自己的路，遠離兇殘的中國。他雖有如此的轉變，也一直住在日本，不回台灣，終其生，不知他曉不曉得，在地的霧峰人血管中流著的，大多是平埔族及泰雅族的血液？

　　大里：大里杙社，屬洪安雅平埔族。間有泰雅族血統。

　　台中市（北屯除外）、**太平**：貓霧社，屬貓霧揀平埔族。

　　台中市北屯：岸裏社，屬巴宰海平埔族。

　　豐原：烏牛欄社、朴仔籬社、岸裏社，屬巴宰海平埔族。170年前，堅拒漢化者遷埔里，仍稱烏牛欄社，頭目阿達挖瑪泥。

　　石岡、**新社**：朴子籬社，屬巴宰海平埔族。170年前，不漢化者遷埔里大湳社。1897年頭目潘蚋。

　　東勢：巴宰海族朴子籬社及泰雅族。

神岡、后里、大雅：岸裏社、朴子籬社，屬巴宰海平埔族。巴宰海族總頭目阿穆於清康熙時歸附，並出兵助清攻打通霄的吞霄社道卡斯平埔族。其子阿藍，孫阿敦，皆令未歸化社番附清、漢化，自己也冠漢姓潘，1770 年獲乾隆頒予「率類知方」匾額。上行下效，因此截至 1897 年止，岸裏社只剩豐原西方 48 戶 240 人，頭目潘永安。

　　潭子：阿里史社，屬巴宰海平埔族。1823 年，不漢化者遷埔里大埔城茄苳下，頭目陳賴基。

　　龍井：水裏社，屬拍瀑拉平埔族。1835 年，不漢化者遷埔里，頭目胡拉。

　　沙鹿、梧棲：沙轆（遷善）社，屬拍瀑拉平埔族。

　　清水：牛罵（感恩）社，屬拍瀑拉平埔族。

　　大肚、烏日：大肚社，屬拍瀑拉平埔族。1853 年，不漢化者遷埔里大肚城庄，頭目阿加達。

　　大甲：日南社、日北社、崩山（德化）社、雙寮社、大甲西社，均屬道卡斯平埔族。日南社 1836 年不漢化者遷埔里，頭目賴茂。日北社 1823

年不漢化者遷埔里雙寮庄，頭目陳路基。雙寮社1823年不漢化者遷埔里雙寮庄，頭目潘順。

外埔：大甲東社，屬道卡斯平埔族。

大安：大甲西社，屬道卡斯平埔族。

荷蘭血統：在大肚開墾「王田」，應有留下荷蘭血統。

泉州血統：鄭軍屯墾大肚，遭抵抗，南遷雲林崙背，無泉州血統。

和佬血統：見拙著《台灣常識》第四章第一節「滿清蠶食台灣各鄉鎮市的經過」台中縣市部分。閩客「入墾」某地，大多是靠關係取得某地墾照當墾首，或者挪用番社公款開圳，再以水換地謀利，短期發財就走，留下血緣者少之又少。台中土地的開墾，除了原住民，沒有別人。

客家血統：清據時客家人來過台中，但不一定留下血緣。他們進入台中的時間為：

大甲： 1701 年進入日南。

外埔： 1701 年進入鐵砧山。

豐原、神岡、潭子： 1723 年（連橫記為 1735 年

後），張達京、張振萬進入此區，張達京一人娶巴宰海平埔族女子妻妾數人，據說今日台中、豐原方面姓張者，有不少是其後代。他並被控挪用巴宰海族公款開圳，以水換地，利益飽入私囊。

霧峰：1720 年進入，係大埔客家人。

沙鹿：1736 年進入公館。

東勢：1745 年進入。

石岡：1775 年進入。

新社：1809 ～ 1830 年進入。

南投血統概說

南投有布農族、鄒族、泰雅族 3 大高山族群，他們都發源於中央山脈，6、7 千年前部分下山，之後和南洋漂來的南島民族接觸、通婚，所形成的族群和原來各自的族群有所區別，通稱平埔族，在此區者，和雲嘉地區一樣，稱爲洪安雅族。

因鄭、清漢化成功，本族明明是平埔族，現都自稱是和佬人和客家人，部分的高山族也一樣。埔里地區在清道光 3 年（1823）後，湧入北中南各地平埔族，成爲台灣民族的大融爐，是台灣各族的縮影。

南投各鄉鎮市的眞正血統大要如下：

信義：布農族，屬高山族。

水里：布農族、鄒族，均屬高山族。

鹿谷：布農族、鄒族。

魚池：鄒族，屬高山族。

埔里：鄒族、泰雅族，均屬高山族。還有中南部移來的西拉雅、洪安雅、貓霧捒、巴宰海，以及北部移來的道卡斯等平埔族，是全台灣種族的大

融爐。

國姓、仁愛：泰雅族。

集集：鄒族。

竹山：鄒族。

南投、名間：南投社，屬洪安雅平埔族。1823年不漢化者遷埔里水頭庄。

草屯、中寮：北投社，屬洪安雅平埔族。1823年不漢化者遷埔里中心仔庄，頭目巫順榮。

荷蘭血統：草屯地區降荷，可能有荷蘭血統。

泉州血統：鄭氏營盤在竹山鎮之竹山、中正、雲林、灰窯、杜寮、山崇等里，是泉州血統的可能地區。

和佬血統：見拙著《台灣常識》第四章第一節「滿清蠶食台灣各鄉鎮市的經過」南投縣部分。文中閩客「入墾」某地，多數係指靠官勢取得墾照當墾首，然後批發給原住民耕種，從中謀利。閩客扮演的是中間剝削的角色，短期發財就走，不走，台灣蚊子會要他們的命，因此僅極少數留下血緣。南投的開墾者當然不是和佬人。

苗栗血統概說

傳說中，賽夏族發源於台灣北部深山，約6、7千年前有些族人下山，南抵大甲，北到台北。在苗栗，和4,000多年前從南洋漂來台灣南部再轉此的族群接觸、通婚，地點在竹南、後龍一帶，形成新的族群，後來稱爲道卡斯族，被歸類爲平埔族。

因爲外來的鄭、清政權漢化成功，道卡斯族現都自稱是和佬人或客家人，大部分的賽夏族也一樣。

各鄉鎮市的眞正血統大要如下：

泰安、公館、銅鑼、大湖：泰雅族，屬高山族。

三義：屬高山族的泰雅族、巴宰海平埔族的朴子籬社。平埔族200年前降清、漢化，1897年只剩番仔城27戶132人，是爲基本教義派。總理代理人潘和鳴。

三灣、南庄、獅潭：賽夏族，屬高山族。

苑裡：房裏社、貓盂社、苑裡社，均屬道卡斯平埔族。房裏社1844年時不漢化者遷埔里，頭目

秦羌。其餘各社早已拋棄社名改為和佬庄或客庄，原地漢化，故無遷徙記載。

通霄：吞霄社。1861 年不漢化者遷埔里八股庄，頭目巫文順。

後龍：後壟社、新港社，屬道卡斯平埔族。後壟社、新港社、中港社、貓閣社等四社同祖。後壟社 1897 年未漢化者，只剩後龍溪南岸 45 戶 212 人，亦稱南社，其餘皆已漢化。新港社的祖先 4,000 年前漂流到台灣，350 年前降鄭，頭目加苞。清據後於康熙年間再降清，賜姓劉，頭目貓老尉，為加苞之子。1897 年漢化到只剩東西 2 社 99 戶 926 人，東社頭目劉登春迎接日軍進城並且充當嚮導，「案內」日本人。

竹南：中港社，屬道卡斯平埔族。清乾隆時漢化、接受賜姓，頭目改姓林，名合歡，並積極響應漢化工作，乾隆 30 年（1765）獲頒「國學鍾英」匾額。1815 年有漢化社番胡經國被錄用為佾生，為該社漢化留下指標。日據時頭目林茂珠，故宅在竹南鎮中美里 4 鄰民生路上，因地震拆除，闢為馬

路，今只剩樟木棟樑一支，30餘公分。（以上見陳金田著〈金色中港〉）

頭份：中港社、竹塹社，屬道卡斯平埔族。

造橋：中港社、貓裏社，屬道卡斯平埔族。

苗栗、西湖、頭屋：貓裏社、加志閣社，屬道卡斯平埔族。貓裏社於康熙年間降清，頭目和歡，兒子武力。孫子歐生時就完全漢化。嘉慶年兼併加志閣社，改稱貓閣社。道光年間人口滋生，在托盤山立分社，名為福興社。1897年頭目潘和泉。

卓蘭：朴子籬社，屬巴宰海平埔族；泰雅族。

荷蘭血統：三義鯉魚村番仔城相傳為荷蘭混血後代所建。

和佬血統：見拙著《台灣常識》第四章第一節「滿清蠶食台灣各鄉鎮市的經過」苗栗縣部分。文中閩客「入墾」某地，恐係指靠關係取得某地墾照當墾首謀利，短期發財就走，僅少數留下血緣，開墾仍靠原住民。

客家血統：清據時客家人來過苗栗，留下客家話，但不一定留下血緣。他們進入苗栗的時間為：

苗栗田寮： 1737 年開始。豐順劉捷敏在貓閣社設教，以客家文化教育平埔族的土目子弟，加速平埔族、高山族客家化。

頭屋： 1781 年貓閣社社番不接受客家文化者移到此地。

頭份： 1739 年進入此區，1751 年鎮平 200 餘人建寮，1805 年斗換坪黃祈英進入，娶賽夏女子為妻。

公館：乾隆中葉（約 1765 年左右）由沙鹿經苗栗進入此區。陸豐客家先至，鎮平客家後到。道光年末（1805 年左右），不接受客家化的泰雅族山胞退出公館地區；接受者，原地客家化。

通霄： 1740 年進入南勢、北勢（平元里）。1772 年進入福興。

苑里： 1772 年進入石頭坑（石鎮里）。

竹南： 1755 年進入崁頂（新南里）。

西湖：乾隆年間，陸豐客家人強勢進入此一貓裏社平埔族地域。

卓蘭：乾隆年間進入本區。

南庄：1820年進入本區，賽夏族的客家女婿黃祈英墾田尾，1821年滿清驅逐客家人，1875年後番社漢化，賽夏族的南庄變成客家庄。

三灣：1832年黃祈英進入本區，1856年廖姓客家人進入大河村。

大湖：1871年進入，但被泰雅族所拒絕，1876年60人進入南湖，1891年番社接受客家化，大湖泰雅族終於變成客家人。

新竹血統概說

本縣原屬賽夏族，約6、7千年前，有些族人下山，在香山和從竹南北上的南洋族群接觸混居後，被稱爲道卡斯平埔族，但是平埔族散居各地，似未聚集成社。

荷鄭之際形成竹塹社，但1682年反抗鄭氏之勞役而遭暴力迫害，族人又告星散，清國入據後，才又聚集成竹塹社。但滿清漢化成功，該族現都自稱是和佬人或客家人，有的甚至拿出族譜證明所言不虛，不知道族譜原是假的。

新竹各鄉鎮市眞正的血統概要如下：

關西、橫山、芎林：泰雅族，屬高山族。

竹東、寶山、娥嵋、北埔：賽夏族，屬高山族。

五峰：泰雅族、賽夏族，屬高山族。

尖石：泰雅族、賽夏族，屬高山族。

新竹市、新埔、香山、湖口：竹塹社、眩眩社，均屬道卡斯平埔族。本社除因1758年清廷全台賜姓而冠漢姓之外，爲了酬庸本社協助平定林爽文之

亂，於1788年，滿清特選衛、錢、廖、金、潘、三、黎等七姓賜給竹塹社，毒化「社番」。1879年有佾生廖瓊林，這是漢化的成果。香山為竹塹社開基地，社番向東北方向開墾，不願漢化者，由新竹市向舊社、新社往芎林、新埔、竹東、關西方面開墾繁衍。

竹北：竹塹社、眩眩社，均屬道卡斯平埔族。

新豐：竹塹社、眩眩社，均屬道卡斯平埔族。

荷蘭血統：1646年荷人因船破，登陸紅毛港，後在新豐新庄仔西北3公里處築紅毛港，在竹北斗崙村闢紅毛田，在石觀音建紅毛堡。這些地方應有荷蘭血統。

和佬血統：見拙著《台灣常識》第四章第一節「滿清蠶食台灣各鄉鎮市的經過」新竹縣部分。文中閩客「入墾」某地，大多係指閩客靠關係取得墾照當墾首或墾號，例如金廣福，然後以墾照所批准的幾百甲荒地再分給原住民佃農，一人2、3甲，而閩客不必工作，坐收權利金或租谷謀利，短期發財就走，僅少數留下血緣，實際的開墾者仍是原住民。

客家血統：清據時客家人來過新竹，留下客家話，但不一定留下血緣。客家人進入新竹的時間為：

新豐： 1725 年進入新庄子（重興村），屬陸豐客。1733 年進入青埔，屬鎮平客。

新埔： 1781 年進入枋寮，陸豐客。1784 年進入新埔，鎮平客。1786 年林爽文事件中，死 200 餘「義民」。

湖口： 1794 年竹塹社平埔族屯番招佃，南勢陸豐客家人前往。

芎林： 1762 年進入土牛界外的泰雅族化番領墾區。1775 年進入石潭、倒縛牛、山豬湖、中坑。

橫山： 1804 年饒平客家人進入，1871 年蕉嶺客家人進入。

竹東： 1769 年惠州客家人進入。1774 年饒平客家人進入。1788 年設竹塹社平埔族屯番，竹塹社平埔族勢力進入此地。

北埔： 1821 年進入。

峨眉： 1840 年前進入。

寶山： 1840 年前進入。1844 年建三山國王廟。

桃園血統概說

約 6、7 千年前，本縣爲賽夏族打獵範圍，後來，部分族人從大漢溪順流而下台北，和泰雅族以及由淡水及澳底上岸的南島民族接觸，形成新民族，被稱爲凱達格蘭平埔族，是台灣最後漢化的本地族群之一。但是滿清漢化成功，現在，凱達格蘭族都自稱是和佬人或客家人。

各鄉鎮市的眞正血統約略如下：

復興（角板山）：泰雅族、賽夏族，均屬高山族。

大溪：泰雅族以及凱達格蘭平埔族霄裡社。

蘆竹：南崁社、坑仔社，均屬凱達格蘭平埔族。南崁社源於蘆竹，向桃園、大園、觀音方向拓展，1815 年頭目決生，1892 年頭目林玉春。前者係「番名」，後者已是漢名，從該社頭目名字由「番」轉「漢」的變化就可知道，南崁社至遲是在 1815 年至 1892 年間漢化的。坑仔社源出蘆竹坑仔村。

桃園、大園、觀音：南崁社。

八德、平鎮、龍潭、中壢、楊梅、新屋：霄

裡社，屬凱達格蘭平埔族。本社源出八德，乾隆年間，頭目知母六爲配合滿清的漢化賜姓政策，率先改名爲蕭那英，爲本社漢化始祖。當時，宵裡社「社番」可能有數千人，當然都跟著冠漢姓。光是該社繁衍至今，就有幾十萬人了，也就是上述 6 鄉鎮市的人口數。1990 年代，田野調查得知，知母六的子孫自知是平埔族，卻否認，反說是來自中原的純漢人，因爲他們操客家口音。漢化後的幾十萬「社番」後代，必然也不會承認他們是平埔族，因爲台灣人大都有相同的毛病，怕人知道他們有「番底」。

龜山：龜崙社，屬凱達格蘭平埔族。因漢化而棄社立庄，故 1896 年只剩楓樹村及新路村的上社及下社。1784 年田契有社番名雅生，1795 年頭目合欣，都是「番」名，可見當時本社尚未完全漢化。1868 年頭目陳玉，已是很漂亮的漢名了，這顯然是漢化的產物。

荷蘭血統：荷蘭人在觀音建堡，可能留有荷蘭血統。

泉州血統：鄭氏入據，在蘆竹之南崁廟口屯

田（見第11章，南崁社旁的廟），可能留下血統。

和佬血統：見拙著《台灣常識》第四章第一節「滿清蠶食台灣各鄉鎮市的經過」桃園縣部分。文中閩客「入墾」某地，大多是指靠關係取得某地墾照當墾首，等於是做生意的大盤商，把批准的百甲荒地租給幾十個原住民開墾，閩客坐收租金謀利，短期發財就走，真正留下血緣的極少。

客家血統：清據時客家人來過桃園，留下客家話，但不一定留下血緣。客家人進入桃園的時間為：

蘆竹：康熙末（1720年左右）向南崁、竹圍的南崁社平埔族租地。1725年，饒平客進入。

桃園、八德、平鎮：1737年從台南來的嘉應客家人進入，而台南之客家來自屏東，故桃園客家可能也是屏東客家。

大溪：1750年客家人代替凱達格蘭族宵裡社熟番招佃，至1874年開墾完成。但開墾者是否為客家人，很難說。

中壢：1750年代進入。

觀音、新屋： 1720 年代進入。1732 至 1800
年進入者爲陸豐客。1821 年進入者爲嘉應客。
　　楊梅：此爲隘口。乾隆中葉進入，1791 年有
50 戶。

台北血統概說

約 6、7 千年前就已存在賽夏族、泰雅族，後來和在淡水及澳底上岸的南島民族融和，之後被稱為凱達格蘭族。但滿清成功地把凱達格蘭族漢化成閩客，怪不得現在連世居台北的在地人都自稱是和佬人或客家人。

各鄉鎮區的眞正在地血統概要如下：

木柵區：泰雅族，屬高山族；雷裏社，屬雷朗平埔族。

樹林：泰雅族，屬高山族；龜崙社、武囉灣社，均屬凱達格蘭平埔族。

三峽：泰雅族。

新店：泰雅族，屬高山族；秀朗社，屬雷朗平埔族。

深坑：秀朗社。

石碇：泰雅族。

烏來：泰雅族。

鶯歌：泰雅族。

坪林：泰雅族。

雙園、大安、景美區：雷裏社，屬雷朗平埔族。中心在雙園區，康熙年間降清，頭目瑪蘭。嘉慶年間，不漢化者只剩 14 戶，與秀朗社合併為雷朗社，共 22 戶 100 多人。同治年間，不漢化番丁只剩 22 人。秀才有陳春正、陳春輝、陳春華，唐山文化中毒很深，棄社背祖是遲早的事。1742 年頭目大武臘，1886 年頭目李水生，1896 年頭目為陳正春。

中和：秀朗社，屬雷朗平埔族。源於中和，康熙年間降清，1896 年只剩中和秀朗庄 1 戶 4 人。可見人口多因漢化遷出原居地。主社名挖仔社，在秀朗社南方，200 多年前降清、漢化，1896 年只剩挖仔庄 8、9 戶 40 多人承認是「社番」。1771年頭目東義乃，1789 年田契上之業戶名潤福，屬「番」名，可見尚未漢化。1815 年本社田契出現業戶名韓敬元，屬漢名，開始顯現漢化痕跡。

永和：秀朗社、龜崙蘭社。龜崙蘭社在永和龜崙蘭溪洲。

士林、內湖區：毛少翁社，屬凱達格蘭平埔族的一個大社。160 年前歸化，1896 年只剩沿山 11 戶 50 人承認為「社番」。秀才翁文卿。1858 年頭目秋仔，1859 年通事林振豐，1874 年貢生陳雲林。

中山區：毛少翁社、奇武卒社，均屬凱達格蘭平埔族。

松山區里族：里族社，屬凱達格蘭平埔族。部分遷內湖。1790 年頃歸附、漢化，頭目虎頭。到 1896 年為止，認同「番社」者只剩 20 多戶 90 多人。1799 年頭目珍凜益，1841 年頭目閩漢德。

松山區頂松：錫口社，屬凱達格蘭平埔族。不漢化者 200 年前就遷出錫口街，但頭目名王成。1896 年只剩汐止樟樹灣番仔寮 2 戶 8 人。1879 年有「社番」潘明月，是漢化的名字。

松山區搭搭攸：搭搭攸社，屬凱達格蘭平埔族。210 年前歸附、漢化，頭目根仔老。部分遷內湖，1896 年只剩 11 戶 54 人認同搭搭攸「番」社。頭目潘正房。

北投區：內北投社、嗄嘮別社，均屬凱達格

蘭平埔族。內北投社於康熙末降清，1896 年只剩大屯山磺溪北岸 30 戶 117 人堅決抵抗漢化。不過頭目名叫林烏凸，從名字上就看得出已使用漢姓，說歸說，距離完全漢化不會太遠。1846 年通事登雲璦，1865 年通事潘文璦。1900 年頭目潘宗林。嗄嘮別社源出八里，部分不漢化者遷北投區關渡，終仍漢化，社名因而消失成爲歷史。

北投區唭里岸：唭里岸社，屬凱達格蘭平埔族。

大同區大龍峒：大浪泵社，屬凱達格蘭平埔族。1764 年有業主瑪老，1866 年有佃首陳曲記，1904 年圭泵社（伊能嘉矩記爲圭泵社，亦即大浪泵社）頭目馬復成，從名字就看得出 1866 年以前已漢化。

建成區大稻埕、城中區、延平區：奇武卒社，屬凱達格蘭平埔族。1740 年降清，頭目永桃。1896 年前只剩大稻埕 12 戶 57 人，大直 6 戶 41 人。1764 年頭目馬老、八力，1876 年契字上有周港泉，他的漢姓名已給奇武卒社留下漢化指標。

龍山區艋舺：紗帽廚社、里末社，均屬凱達

格蘭平埔族。荷時里末社在板橋，後來部分移艋舺，但也漢化消失。紗帽廚社可能老早就漢化放棄社名，故未發現詳細的移動記載。

汐止、平溪：峰仔峙社，屬凱達格蘭平埔族。原在汐止，鄭時歸附，頭目彎林。1896 年漢化到只剩汐止對岸 5 戶 29 人。1778 年頭目來氏，1836年頭目潘興宗。

金山、萬里：金包裹社，屬凱達格蘭平埔族。1780 年頭目林安邦，他的漢姓名顯示金包裹社漢化很早，1896 年伊能嘉矩來台調查時，可能已找不到該社了。學者翁佳音認為本社原址在基隆仁愛區，若如此，金包裹社與大雞籠社關係密切。

板橋：擺接社、里末社、武囉灣社，均屬凱達格蘭平埔族。武囉灣社荷時在板橋港仔嘴，雍正時已有部分在新莊，乾隆時歸附、漢化，1896 年不願背祖者，只剩港仔嘴 30 多戶 110 多人，頭目陳波。另，樹林有 20 多戶 100 人。1730 年頭目君孝，1863 年頭目潘國泰。里末社荷時在板橋，後來部分移艋舺，終歸漢化消失。擺接社原在板橋，

乾隆初附清，1896年只剩板橋社後庄28戶150人，漢化但未纏足。秀才陳宗潘。1753年頭目茅飽琬，1839年頭目潘德興。

三重、五股：武囉灣社，屬凱達格蘭平埔族。

新莊：武囉灣社、瓦烈社，屬凱達格蘭平埔族。武囉灣社荷時在板橋港仔嘴，雍正時有部分在新莊，後來漢化消失。

土城：擺接社，屬凱達格蘭平埔族，漢化消失。

八里：八里坌社、坌社、嘎嘮別社，均屬凱達格蘭平埔族。八里坌社原在八里，有云部分遷淡水，但1896年只剩淡水竹圍附近11戶60人，顯見社番因漢不漢化意見不合而分家，頭目李細年。

林口：八里坌社，屬凱達格蘭平埔族，漢化消失。

貢寮、雙溪、瑞芳：三貂社，屬凱達格蘭平埔族。原在貢寮鄉龍門村，漢化滅祖的結果，1896年只剩洩底東方海岸106戶504人承認是「番」，與舊社庄隔溪相望。1807年頭目朗肴。1887年業

主潘炳文。

淡水：外北投社、淡水社、圭社、雞柔社、大屯山社、圭北屯社、嘎嘮別社，均屬凱達格蘭平埔族。淡水社在淡水鎮中心大庄、港仔坪、崁頂一帶。雞柔社1735年頭目達傑，仍是「番」名，1746年頭目林合，已是漢名，可見此社漢化之早，為凱達格蘭族的前幾名。大屯山社300年前降清、漢化，1896年承認自己是「番」的，只剩大屯山下西邊的大屯庄15戶62人，頭目李春年卻使用漢姓名。

三芝、石門：小雞籠社，屬凱達格蘭平埔族。300年前降清、漢化，1896年只剩富貴角東側老梅庄3戶15人不放棄祖先留下的社名，但都操漢語，也有纏足，顯見嘴巴不漢化，心中早已漢化。1772年頭目馬眉，1807年頭目包仔嗹，雖都不漢化，但1831年頭目鄭進興，從姓名看就知已漢化。

蘆洲：南港社，屬凱達格蘭平埔族，漢化消失。

古亭區：了阿八里社，屬凱達格蘭平埔族，漢化消失。

西班牙血統：西班牙入據淡水、基隆、北海岸、宜蘭，可能留下血統。

　　荷蘭血統：荷人運牛耕作淡水，並據基隆、北海岸、宜蘭等，必然留下荷蘭血統。

　　泉州血統：鄭氏入據，屯墾金山，民墾嘰里岸、劍潭，留下泉州血統。

　　和佬血統：見拙著《台灣常識》第四章第一節「滿清蠶食台灣各鄉鎮市的經過」台北縣市部分。文中閩客「入墾」某地，大多指靠關係取得某地墾照當墾首，把開墾權利讓渡給原住民而坐收租谷，例如「陳賴章」，短期發財就走，再不走就會死於瘴癘，故僅少數留下血緣，開墾仍靠原住民。而原住民漢化時，多以其閩客墾首之姓為姓，例如陳、賴、章，讓後世誤以為台灣真的是閩客所墾，而且子承父業。

　　客家血統：清據時客家人來過台北，留下客家話，但不一定留下血緣。客家人進入台北的時間為：

　　八里、泰山、五股、新莊、林口（興直堡）：饒平王克師 1725 年由新莊進入本堡區，1732 年原

住民聚集新莊成街並且客家化。1780 年建三山國王廟。

淡水、三芝、石門（芝蘭三堡）：永定客家 1735 年間進入三芝，汀州客於乾隆中進入石門，與小雞籠社平埔族混居。

土城、三峽、樹林、鶯歌（海山堡）：1720 年代饒平客家進入此區。1770 年鎮平客進入。

平溪、汐止、瑞芳（石碇堡）：乾隆初由汐止上陸租地。

景美、木柵、新店、石碇、深坑（文山堡）：1729 年在此區佃數百成村，被雷朗平埔族秀朗社殺百餘人。1736 年被安溪人趕至桃、竹。

金山、萬里（金包里堡）：1730 年代進入。

客家人來台從 1690 年始（屏東），1721 ～ 1795 年最盛（彰化、台中、桃竹苗、台北），嘉道咸同光漸少。來人數，嘉應州佔 50％，惠州 25％，潮州 20％，汀州 5％。

註：參考詹素娟等著「大台北都會區原住民歷史專輯」

基隆血統概說

3、400 年前的基隆就像現在的香港，是萬國地，日本、中國、荷蘭、西班牙都來這裏做生意，所以在 1704 年的康熙台灣輿圖上，基隆已是一個都市，稱爲「雞籠城」。旁邊有一個平埔番社，稱爲「雞籠社」，顯然，前者是由後者漢化而來。

平埔番漢化之後就變成漢人，高人一等，看不起原來的番族同胞，不是把「3 等國民」趕走，就是自己搬走，不願和他們住在一起。所以「雞籠」有「城」也有「社」。但最後「社」也消失了，只有「城」。這是台灣人的悲哀。

基隆本地人口的血統基本構成，爲在台已有 6、7 千年歷史的賽夏族、泰雅族，和後來在澳底上岸的南島民族融和之後，被稱凱達格蘭族。然後被鄭氏、滿清漢化成閩客。

各區眞正的在地血統大概如下：

七堵：瑪陵坑社、峰仔峙社，均屬凱達格蘭平埔族，已經漢化消失。

暖暖：暖暖社、峰仔峙社，均屬凱達格蘭平

埔族，已經漢化消失。

　　中正、信義、仁愛、安樂、中山區：大雞籠社，屬凱達格蘭平埔族。原在中正區和平島（社寮島），1784 年頭目已利氏老婆，1896 年頭目潘永芳。秀才陳洛書。本社有秀才，其漢化的年代可能很早，因此，基隆人老早就認為自己是和佬，非凱達格蘭族大雞籠社的後代，這是必然的。

　　荷西日本血統：本地是萬國通商港口，荷西日等國人曾居此，留下血緣應有可能。

　　泉州血統：鄭氏入據，駐軍社寮島留下血統。

　　和佬血統：見拙著《台灣常識》第四章第一節「滿清蠶食台灣各鄉鎮市的經過」基隆市部分。文中「雍正年漳人由八里來佔墾」，可解釋為，由八里來的漳州人是第一個進入基隆的人，靠關係取得仁愛區崁仔頂墾照，當了墾首、大租戶，收租謀利，並未耕種，短期發財就走，極少留下血緣。基隆的開墾靠原住民佃農，被閩客剝削，繳大租給墾首、繳小租給墾戶，還要繳稅給滿清。土地本是原住民的，只因被滿清佔領，落得當農奴、被剝削。

宜蘭血統概說

本縣的泰雅族據說發源於南投仁愛鄉發祥村的裂岩，6、7千年前向外發展，宜蘭屬於其生活領域，約5、6千前，南洋漂來南島民族，兩族接觸、通婚，所形成的族群和原來各自的族群有所區別，被後人稱為噶瑪蘭平埔族。

根據宜蘭傳說，遠古時代，南島民族由東方海上之島登陸宜蘭，該島可能是八重山群島，屬於琉球，現由日本代管。而所謂的南島民族，可能係菲律賓或大洋洲人，被北上的洋流飄來。

噶瑪蘭族於嘉慶15年（1811）歸順滿清，並且接受漢化，所以到現在，明明外表上就可看出是平埔族，可是宜蘭人卻都自稱是和佬人。部分的泰雅族人也一樣，說他們是平地人，不是山地人。

其實，1811年時，宜蘭縣每一個平地鄉鎮都有2個以上的平埔社，光看下列各鄉鎮的明細，就不得不懷疑縣民真的是和佬了。1897年該族的總頭目為振金聲。

宜蘭各鄉鎮眞正的在地血統大概如下：

南澳、大同：泰雅族，屬高山族。

宜蘭：（1）新耶罕社，1897年不漢化人口只剩173人，頭目潘應芳。（2）丁仔難社。均屬噶瑪蘭平埔族。

頭城：（1）打馬煙社，1897年不漢化人口只剩168人，頭目偕以藤。（2）抵美簡社，1897年不漢化人口只剩173人，頭目劉利同玄。均屬噶瑪蘭平埔族。

礁溪：（1）奇蘭武蘭社，1897年不漢化人口只剩89人，頭目連古玄佳吉。（2）踏踏社，1897年不漢化人口只剩128人，頭目李龍敖。（3）奇立丹社，1897年不漢化人口只剩138人，頭目高良西。（4）打鄰社。（5）抵巴悅社。（6）奇五律社。均屬噶瑪蘭平埔族。

壯圍：（1）麻里目罕社，1897年不漢化人口只剩66人，頭目連抵來。（2）新仔羅罕社，1897年不漢化人口只剩15人，頭目潘兩爻。（3）奇里援社，1897年不漢化人口只剩78人，頭目潘塞鼻。

（4）哆囉沙社。（5）抵美簡社。（6）抵羨福社。（7）抵美抵美社。（8）打馬煙社。均屬噶瑪蘭平埔族。

員山：（1）擺里社，1897 年不漢化人口只剩67 人，頭目阿蚊。（2）毛里陳縣社。（3）麻薯薯珍落社。（4）巴老予社。（5）屏仔貓力社。均屬噶瑪蘭平埔族。

羅東：（1）歪仔歪社，1897 年不漢化人口只剩 40 人，頭目潘龜敏。（2）打那間社，1897 年不漢化人口只剩 65 人，頭目阿文。均屬噶瑪蘭平埔族。

冬山：（1）珍汝女簡社，1897 年不漢化人口只剩 130 人，頭目潘武美、潘武禮、高南路那美。（2）奇毛宇老社，1897 年不漢化人口只剩 140 人，頭目潘德生。（3）女老社，1897 年不漢化人口只剩 63 人。（4）勿罕勿罕社，1897 年不漢化人口只剩 68 人，頭目偕打美、高武苙抵禮。（5）多凹尾社。（6）毛老甫淵社。均屬噶瑪蘭平埔族。

五結：（1）加禮宛社，1897 年不漢化人口只

剩 45 人，頭目高德武。（2）掃笏社，1897 年不漢化人口只剩 160 人，頭目有偕阿文、偕目孔、林阿返。（3）利澤簡社，1897 年不漢化人口只剩 30 人。（4）八里沙喃社。（5）流流社。（6）礁轆軒社。均屬噶瑪蘭平埔族。

三星：八里沙喃社。屬噶瑪蘭平埔族，但可能混有濃厚的泰雅族血統。

蘇澳：猴猴社，屬噶瑪蘭平埔族，1897 年不漢化人口只剩 103 人，頭目陳新抵。

荷西血統： 1632 年西班牙佔領宜蘭，1642 年荷蘭取代，當然留有血緣。

和佬血統： 見拙著《台灣常識》第四章第一節「滿清蠶食台灣各鄉鎮市的經過」宜蘭縣部分。文中閩客「入墾」某地，大多係指靠關係取得某地墾照當墾首，而且須經平埔族同意，例如吳沙家族。若不怕瘴癘，敢於久留，則必須像吳沙一樣，娶番婆留下幾滴和佬血緣，但即使這種人也不多，開墾或傳宗接代，仍須靠人口居於多數的原住民。

花蓮血統概說

此地的泰雅族據說發祥於北港溪上游白石山上的一棵老樹下。6、7千年前向外發展，花蓮屬於其勢力範圍。約5、6千年前，和居於花蓮海岸或海上的民族有所接觸，所形成的海岸族群被後人稱爲阿美族，屬高山族。

可是外來統治者，像滿清、蔣介石，實施漢化政策，居然把阿美族也變成了中華民族。這股殘暴的政治勢力，無法抵抗。因此現在很多族人都不敢說自己是高山族，而說是和佬或客人，自欺欺人。

花蓮各鄉鎮市眞正的在地血統大要如下：

秀林、卓溪：泰雅族，屬高山族。

萬榮：泰雅族、布農族，均屬高山族。

花蓮、吉安、鳳林、壽豐、光復、豐濱、瑞穗、富里：阿美族，屬高山族。

玉里：阿美族居多，雜有西拉雅平埔族。平埔族1830年從左營遷屏東，在里港的武洛社及搭樓社30戶，東遷台東大武、卑南，以牛、豬、酒和卑南

族交換土地，禮物給了，仍不受歡迎，忍耐 7 年，北遷富里，以牛、豬交換米、粟糊口。再經 3 年，回屏東的武洛社、搭樓社、阿猴社，找了 12 戶族人到花蓮富里同住，一起開墾。1897 年時約有 100 戶。

新城：阿美族居多，雜有噶瑪蘭平埔族。不願漢化的宜蘭平埔族在 1837 年左右由五結加禮宛社遷出，經由陸路者抵此，經由海路者抵花蓮。1879 年後部分南下，遷光復西富里、豐濱新社村、港口村，最南到達台東成功。1897 年加禮宛社有 13 戶 103 人，武聯社 16 戶 69 人，竹林庄（漢化者稱爲庄，未漢化者稱爲社）9 戶 32 人，瑤高庄 12 戶 45 人，七結庄 19 戶 35 人。花蓮方面頭人陳苦留，十足的漢人姓名，可見他們的祖先雖因不願漢化而遷至花蓮，但到了 1897 年，子孫還是漢化了。

和佬血統：一般文獻敘述某閩客「入墾」花蓮某地，很可能係指該人靠關係取得某地墾照當墾首，把土地分給原住民耕種，自己坐收租谷謀利。閩客大多短期發財就走，僅少數人留下血緣，開墾仍靠原住民。

台東血統概說

　　根據文獻會記載的傳說，布農族係起源於玉山、卓社大山、東巒大山之山下；卑南族起源於台東，排灣族起源於屏東來義的南和村。但據潘立夫的調查，排灣族起源有三地的大社村、瑪家的高燕(Padaing)、泰武的平和村、來義的古樓村。然又有傳說，排灣族及魯凱族係從卑南族而來。總之，台東人的祖先來自玉山及大武山，其歷史至少在6、7千年以上。因漢化的結果，有不少台東人不認祖，反而說祖先來自唐山。

　　以下是台東各鄉鎮真正血統的大要：

　　大武、達仁、太麻里：排灣族，屬高山族。

　　金峰：排灣族、布農族，均屬高山族。

　　卑南：卑南族、魯凱族，均屬高山族。

　　台東：卑南族、阿美族，均屬高山族。

　　鹿野：卑南族、阿美族，均屬高山族。

　　關山、海端、延平：布農族，屬高山族。

　　東河、長濱：阿美族，屬高山族。

蘭嶼：雅美族，已改稱達悟族，係由菲律賓的達悟地方漂流至此，也屬高山族。

　　池上：阿美族為主，雜有平埔族。1897 年，池上錦園村、慶豐村等有 3 個屏東移來的西拉雅平埔族村落，約 90 戶。

　　成功：阿美族為主，雜有平埔族。1879 年後，噶瑪蘭平埔族加禮宛社由花蓮方面移來忠孝里。

　　和佬血統：文獻敘述某閩客「入墾」台東某地，大多不正確，因為閩客是來謀利，不是來開墾。他們靠關係取得土地給原住民耕種，坐收租谷，短期發財就走，極少數留下血緣。

澎湖血統概說

目前已知的資料記載，澎湖血統好像和唐山有密切的關係，可是根據平埔族的傳說來推斷，被大明帝國「墟其地」之前的澎湖，其住民應該也是南島民族。例如：西拉雅族是由南洋飄到屏東小琉球，再在高雄、台南海岸登陸。而噶瑪蘭族也是，他們是由南洋飄到東海岸的琉球群島，再登陸宜蘭、台北。道卡斯族和西拉雅族一樣，是由南洋飄到台灣西部海岸，西拉雅族擱淺在屏東小琉球，而道卡斯族擱淺在苗栗的竹南。澎湖恰好在屏東和苗栗之間的海路上，有可能飄到苗栗的，必然也有可能飄到澎湖。所以，澎湖人的血統和台灣血統應有密切的關係，屬於南島民族。

註：以上各縣市 1896 年及 1897 年平埔社的田野資料，來自伊能嘉矩的《平埔族旅行調查》及《台灣踏查日記》。客家進入各縣市之時間，主要參考連文希的〈客家之南遷東移及其人口的流佈〉。

第七章

台灣各鄉鎮主要血統分佈圖

還原台灣血統真相

世居當地的原始血統，
因人際活動，
必然會融入隔壁鄉鎮的血統。
尋根：
今日除台北等都會地區有大量
外來人口外，餘變動不大。

屏東縣各鄉鎮主要血統分佈圖（1）枋寮以北

屏東縣各鄉鎮主要血統分佈圖 (2) 枋寮以南

高雄縣各鄉鎮主要血統分佈圖（1）

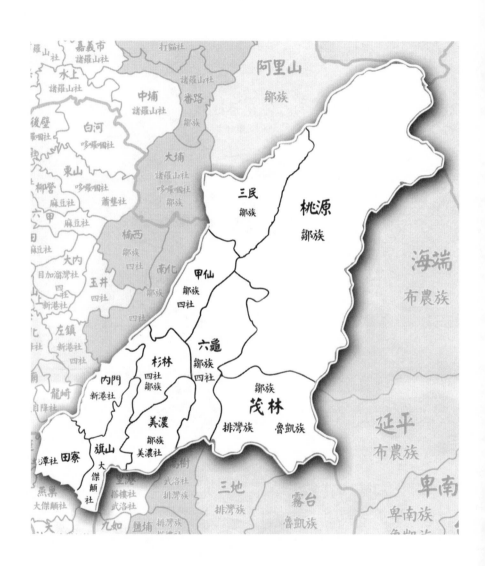

高雄縣各鄉鎮主要血統分佈圖（2）

台南市各區主要血統分佈圖

台南縣各鄉鎮主要血統分佈圖

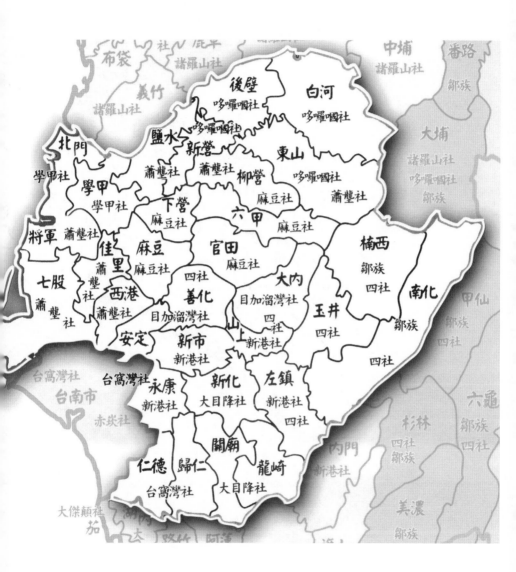

嘉義縣各鄉鎮主要血統分佈圖

雲林縣各鄉鎮主要血統分佈圖

大城

二崙

南社

麥寮
貓兒干社

崙背
貓兒干社

西螺

台西

東勢
貓兒干社

褒忠
貓兒干社

虎

他里

土庫
猴悶社

四湖
貓兒干社

元長
貓兒干社

口湖
貓兒干社

水林

北港
貓兒干社

新港
打貓社

六腳
打貓社

諸

彰化縣各鄉鎮主要血統分佈圖

南投縣各鄉鎮主要血統分佈圖

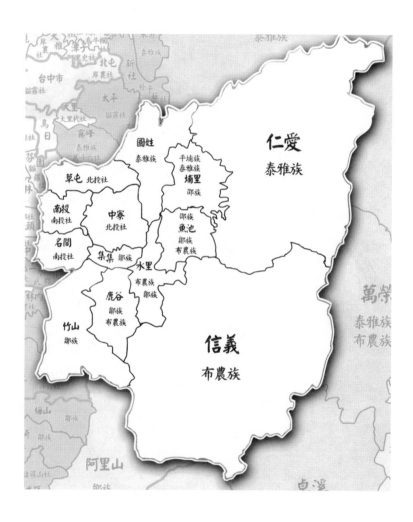

台中各鄉鎮市主要血統分佈圖

泰安
泰雅族

和平
泰雅族

秀林
泰雅族

仁愛
泰雅族

苗栗縣各鄉鎮主要血統分佈圖

竹

中港社

造橋
中港社

後壠社

後龍

新港社

頭屋
貓裏社

西湖

苗栗

貓裏社

公館
泰雅族

通霄
吞霄社

銅鑼
泰雅族

苑裡
苑裡社
房裏社

三義
朴子籬社
泰雅族

岸裏社

大湖
泰雅族

雙寮社
日南社

大安

大甲西社

大
甲

外埔
大甲東社

后里

卓蘭
朴子籬社
泰雅族

清水
牛罵社

神

岸
裏
豐

北

朴子籬社

岡

寶山　賽夏族

泰雅族

橫山

寶山　賽夏族

峨嵋　北埔

泰雅族

灣

賽夏族

賽夏族

尖石

南庄

賽夏族

五峰

賽夏族

泰雅族

泰雅族

泰安

泰雅族

和平

新竹縣各鄉鎮市主要血統分佈圖

桃園縣各鄉鎮主要血統分佈圖

台北縣各鄉鎮市主要血統分佈圖

台北市各區主要血統分佈圖

基隆市各區主要血統分佈圖

宜蘭縣各鄉鎮主要血統分佈圖

花蓮縣各鄉鎮主要血統分佈圖

台東縣各鄉鎮主要血統分佈圖

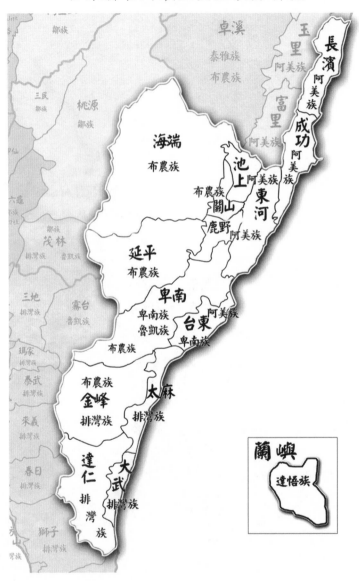

第八章

漢化——
把原住民都變成漢人的殘忍手段

　　外族的漢化政策,是「番變漢」的主因。「社」
是台灣人的政治象徵,漢化的最終目標就是要消滅
社,使台灣人忘記自己原本所屬。光緒年間的漢化
已接近尾聲,但「化番俚言」第一條仍催促「改社
為莊」。因為「內地百姓所居之地,均稱為某村、
某莊,未有稱為社者」,不能一國兩制。又規定,
不論平埔或山胞,凡集中住於一個番社者均為生
番。有漢人混居的番社,或生番居漢人庄而不標榜
社名者為熟番。由此來看相關清官的戶口奏摺,就
可知道滿清為何把台灣人從「社番」改為「民戶」。
也可瞭解乾隆地圖中,為何同一鄉鎮有「社」也有
「庄」的理由了。這些都在訴說台灣人被迫滅祖的
經過。

荷蘭：1626 年起用宗教感化，以羅馬字拼平埔音，替平埔族造字，保持其文化。西班牙亦然。不過，留下不少紅毛血統。

　　鄭氏：1666 年起規定八歲入學，教中國經史。兒童入學者，家長免稅，台南、高雄、屏東平埔族接受，並開始漢化。

　　滿清：設土番社學教平埔族四書三字經，威迫利誘，徹底漢化。

　　康熙 34 年（1695）起：在南高屏設土番社學，繼續漢化平埔族。

　　雍正 12 年（1734）：全台共設 50 處社學，結果成功。《台灣志略》：「凡近邑之社，多講官話及泉、漳鄉語，與漢相等。」顯見 1734 年以前，台南、高雄、屏東（均屬西拉雅平埔族）、恆春人，大都會講泉、漳鄉語和佬話了。當然也有不少識字的人，學時髦，冠漢姓用漢名，以為和統治者同姓就是高人一等。這是台灣漢化最早的地區。他們自 1624 年荷蘭入侵起，就被外族控制，失去民族自信心。

乾隆 23 年（1758）：西部平埔族大致漢化。賜漢姓給尚未冠漢姓的平埔族。因爲此時台灣各地「歸化各社番眾，衣衫半如漢制，略曉漢語」。番族既然通曉漢語，不給漢姓反而怪怪的。

　　嘉慶 15 年（1810）：噶瑪蘭（宜蘭）平埔族漢化。

　　道光 6 年（1826）：山地賜姓。

　　同治 10 年（1871）：《淡水廳志》記載：「風俗之移也，十年一小變，二十年一大變。淡水番黎較四邑爲多。乾隆二十九年以前郡志所錄，類多耳所未聞，目所未睹。今自大甲至雞籠，諸番生齒漸衰，村墟零落。其居處、飲食、衣飾、婚嫁、喪葬、器用之類，半從漢俗。即諳番語者，十不過二、三耳。」由此可見，在1871年以前，住平地的平埔族，其食衣住行完全漢化了，糟糕的是，漢化後就假裝是漢人，有的還留下假的漢族譜，以致今人不知自己是「番」不是「漢」。13 年（1874），漢化台東、花蓮高山族失敗，最後荒廢。

　　光緒 1 年（1875）：漢化屏東方面西拉雅平埔族，例如，恆春（力力社遷往）、枋寮（放索社遷往）、

赤山（力力社遷往）、泰山（武洛社遷往），結果亦未成功。山地賜姓。12年，漢化南投林圯埔鄒族，山地賜姓，失敗。14年，漢化宜蘭之泰雅族失敗。漢化埔里之泰雅、布農、鄒族。16年，在台北城內設番學堂，收泰雅、雷朗、賽夏等族番童，為漢化其族人之種子。

平埔族在1871年大都漢化就緒，且放棄社名，改為清國國民，成為漢人。但高山族到1891年多未漢化，因此各族文化至今仍舊保存。平埔各族文化早已蕩然無存。

第九章

外來政權如何把台灣人漢化

漢化的意思，就是思想、衣食、髮型、語言、姓氏、風俗習慣等，都學習閩客。滿清據台初期，認定全台皆番，歸順者爲熟番，不服者爲生番。起初，熟番薙髮就是輸誠，就具備成爲清國國民的條件。後來又規定，必須放棄原屬番社的「社」，改爲閩客使用的「庄」才算國民，滿清簡稱爲「民」。社番在放棄番社以前，大多已被漢化、賜姓、改用漢姓名，故稱爲「社番某某某」。一旦棄社，把名字中的「社番」兩字丟棄，只剩「某某某」漢姓名，不知情的後代看了漢姓名和假造的漢族譜，沒有不以爲老祖宗是漢人的。

以下就是外來政權逼迫台灣人不得不漢化、不得不成爲漢人的手段：

（1）鄭氏：統治時間短，以免稅方式鼓勵番

童入學。除台南、高雄、屏東之外，也在恆春、斗六、彰化、新竹、淡水、基隆等等地區點狀屯田，影響雖有，但不至全台灣。

（2）滿清在台的漢化政策：化生番為熟番，化熟番為漢人。

重稅：不漢化者繳鹿皮低價折算，稅最重。漢化者丁銀 1 石 3 斗折價 2 兩。

徭役：10 倍於漢化者。供車輛兵役差徭傳遞公文。

訟案：偏袒漢化者。不漢化者未訴先杖，杖畢垂頭聽令。

番政：1766 年設南北理番同知於台南及鹿港，負責熟番漢化、生番歸化。1875 年平地漢化完成，理番同知移至基隆、埔里、卑南。

社學：1893 年高屏 259 處，包括義學番學，徹底洗腦。

重稅、徭役、訟案都與台灣人的生存有莫大的關係。稅重，影響生計，徭役多，影響農務，可

能荒廢無收成。訟案不公，農地可能被奪，連想耕都無地可耕，最嚴重。學者研究，清據時期的台灣土地，租佃情形很普遍，分為 4 種，永佃、限佃、賣佃、典佃。其大要如下：

永佃：地主只提供素地，不負責開墾費用。但開墾者享有永久租佃權。例如 1750 年以前的台中、彰化。

限佃：地主提供土地、水圳、草寮、曬谷場、菜園等，期限約 3 年。1760 年後成為主流。

賣佃：有永佃權的佃農出售佃權給其他佃農。1750 年就有出售佃權的實例。

典佃：佃農或田主將佃權典押以取得資金。

像這樣，台灣的土地租佃關係很複雜，所以訟案不斷。堅不漢化者，即使土地被人侵佔，打官司也打不贏漢化者，最後只有坐視耕地被侵佔而流落街頭。下列〈熟番歌〉細訴中國對台灣人的欺凌：「啁啾鳥語無人通，言不分明畫以手，訴未終，官若聾，竊視堂上有怒容，堂上怒，呼杖具，杖畢垂

頭聽官諭。」──道光年間（1834-）噶瑪蘭通判柯培元作。

至於理番同知，這個機關掌管民、番相關事宜，和漢化有關者有以下各項：

1. 管理番地義學，監督、鼓勵番童就學，督導社師。

2. 鼓勵番民改從漢俗，並指導其從事生產。

3. 選拔熟番人才充任土官，舉用通達事理之番民爲通事。

4. 通事應勸導生番番社歸化。

滿清積極想消滅「番社」，籠中鳥的台灣人逃避得了嗎？

第十章

社名是台灣人的根，
漢化就是要滅社拔根

　　滿清的漢化工作進行得如火如荼，到了乾隆
56 年（1791），雖然平埔族各社之中，大部分社番
都已接受漢化而背祖，也都被編爲「民戶」了，但
仍有小部分人雖漢化薙髮，可是不願背祖，仍舊高
舉原來的社名以示不忘本，在歷史上留下淒美的一
頁（各社名單如下）。

　　不過，他們的子孫仍無法抗拒時代的潮流（見
各鄉鎮的漢化經過），紛紛背祖忘宗，不承認自己的
原住民血統，甚至故意拋「社」棄「名」，在離
「社」就「庄」時，捨棄原屬番社名，而以其他或
唐山地名爲「庄」命名，徹底和祖先劃清界限。還
好，因爲還使用原屬番社名，例如康乾地圖上所舉
者，所以我們知道，平埔族是就地漢化消失，非被

趕到山上。可是，假使你在台灣人面前說他有原住民血統，可能會遭惡言或怒目相向。

屏東縣：武洛社（高樹），搭樓社（里港），阿猴社（屏東），上淡水社（萬丹社皮），下淡水社（萬丹香社），放索社（林邊），力力社（崁頂），茄藤社（南州）。

高雄縣：大傑顛社（路竹）。

台南縣：新港社（新市），卓猴社（新化），麻豆社（麻豆），蕭壟社（佳里），灣裡社（安定），大武壟社（善化），茄拔社（善化），哆囉咯社（東山），芒仔芒社（玉井），內優社（鄒族）。

嘉義縣：打貓社（民雄），諸羅山社（嘉義），阿里山社（鄒族）。

雲林縣：柴裡社（斗六），他里霧社（斗南），西螺社（西螺），貓兒干社（崙背），南社（崙背）。

彰化縣：東螺社（埤頭），馬芝遴社（鹿港），二林社（二林），眉裡社（溪州），

大武郡社（社頭），半線社（彰化），
大突社（溪湖），阿束社（彰化），
貓羅社（芬園），柴坑仔社（彰化）。

南投縣：北投社（草屯），南投社（南投），水
沙連社（邵族）。

台中縣：大肚北社（大肚），大肚南社（大肚），
阿里史社（潭子），水裡社（龍井），
遷善南社（沙鹿），遷善北社（沙鹿），
遷善中社（沙鹿），烏牛欄社（豐原），
感恩社（清水），岸裡社（神岡），
翁仔社（豐原），胡蘆墩社（豐原），
崎仔腳社（豐原），西勢尾社（豐原）、
樸仔籬社（東勢），貓裡蘭社（豐原），
雙寮社（大甲），日北社（大甲），
日南社（大甲），大甲西社（大甲），
大甲東社（大甲）。

台中市：貓霧捒社（南屯），貓霧捒東社（南
屯）。

苗栗縣：房裡社（苑裡），宛裡社（苑裡），吞

霄社（通霄），貓盂社（苑裡），後
壠社（後龍），新港社（後龍），貓
裏社（苗栗），中港社（竹南）。

新竹縣：竹塹社（新竹）。

桃園縣：宵裡社（八德）、龜崙社（龜山），南
崁社（南崁），坑仔社（蘆竹）。

台北縣：武囉灣社（新莊），擺接社（板橋），
八里坌社（八里），圭北屯社（淡水），
金包里社（金山），三貂社（三貂），
小雞籠社（三芝）。

台北市：里族社（松山區），錫口社（松山區），
搭搭悠社（松山區），圭泵社（大同
區），毛少翁社（士林區），北投社（北
投區）。

基隆市：大雞籠社（中正區）。

第十一章

康乾地圖上，各社由「社」變「庄」、「街」，逐一消滅

　　屏東市古稱阿猴社，鄭時就有人漢化，1704年的康熙台灣地圖顯示，他們住的是茅草屋，尚未全部漢化。1760年代的乾隆地圖標出，漢化者和不漢化者第一次分家，不漢化者仍稱阿猴社，漢化者住阿猴街。圖的上方有竹葉社，這是阿猴社第二次漢化時，不漢化者分家遷往竹葉（德協）。但圖中竹葉社又分出竹葉庄，顯然是因漢化問題導致第三次分家。可見祖宗雖堅持不漢化，子孫卻迫於政治壓力，很難堅持。但今日阿猴街、竹葉庄所住的，正是平埔族，並未被趕到山上。

1704 年的康熙台灣地圖

阿猴社
東至大山拾里西至淡
拾伍里南至大淡社貳
拾里北至搭搂社貳拾
伍里此社出猴柳

搭搂社
東至大浮揆柔拾里西至下淡水社
貳拾伍里南至阿猴社貳拾伍里
北至淡拾里

1760 年的乾隆台灣地圖

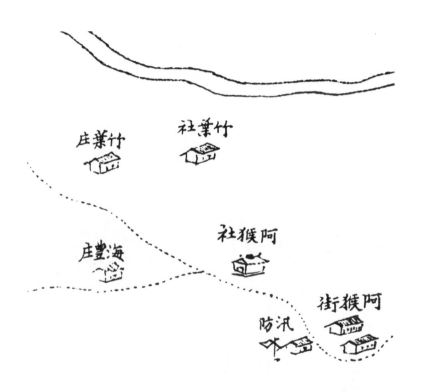

屏東萬丹在荷據時就有萬丹社、上淡水社、下淡水社，荷時萬丹社就已消失，故 1704 年的康熙地圖上只有上淡水社及下淡水社。1760 年代的乾隆地圖顯示，不漢化者仍稱上淡水社、下淡水社，

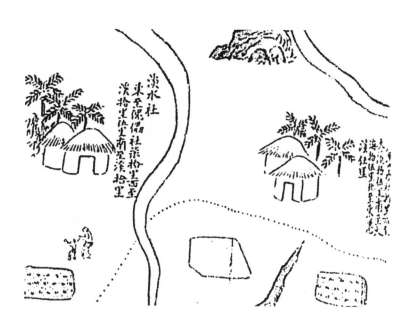

漢化者聚集，稱為萬丹街，仳鄰萬丹縣丞公署，是
當時的屏東縣政府。漢化番和唐山官員交往，「自
抬身價」，當然不會承認自己是番。

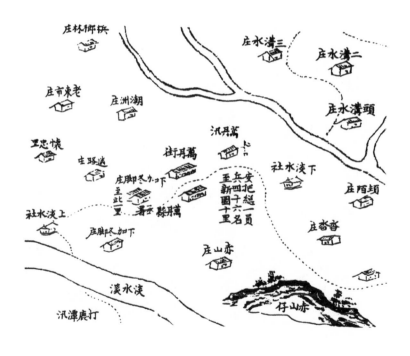

台南安平古稱台窩灣社、赤崁樓稱赤崁社，1704年的康熙台灣地圖變成紅毛城和紅毛樓，顯示台南市平埔族早經漢化，屋頂蓋瓦。但是，鄰近的麻豆社（今之麻豆）仍是茅草屋頂，尚未全部漢化，蕭壠社（今之佳里）的房屋則有草頂也有瓦頂。

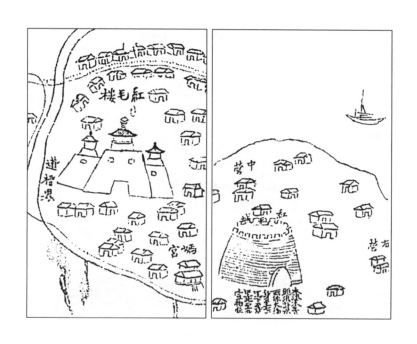

佳里古稱蕭壠社，1704 年的康熙台灣地圖顯
示，屋頂有的蓋草，有的蓋瓦（見上頁），這表示
有的漢化，有的不漢化。圖左的佳里興，原也屬蕭
壠社，是早期漢化而搬出和滿清諸羅縣官兵混居的
社番，但老早就以漢人自居，現在還有人籍貫不寫
台灣而寫福建的。1760 年，蕭壠社漢化者又搬走，
故乾隆地圖只有蕭壠社，沒有蕭壠庄。

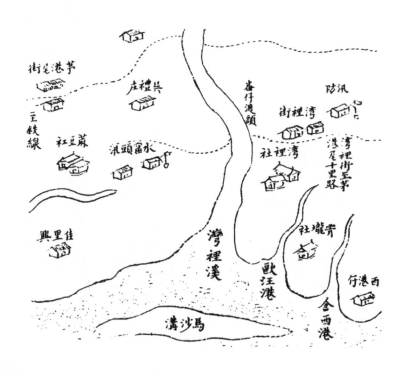

台南新化古稱「大目降社」，1704 年的康熙
台灣地圖並未標示出這個平埔社，但 1760 年代的
乾隆地圖已標出「大目降庄」，表示當時新化大部
分已經漢化，不漢化者所剩不多，故地圖上只見大
目降庄，未見大目降「社」。

台南安定古稱目加溜灣社，1704 年的康熙台灣地圖以草厝標出，顯示尚未漢化，但 1760 年代的乾隆地圖標出，漢化者和不漢化者已經分家，不

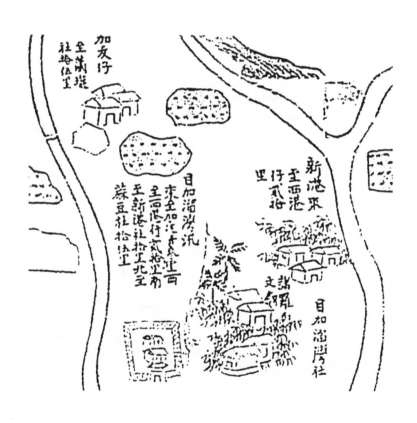

漢化者稱灣裡社，漢化者稱灣裡街。圖右的「直加
弄」也是安定的一部分，原稱直加弄社，乾隆時已
經漢化為庄了。

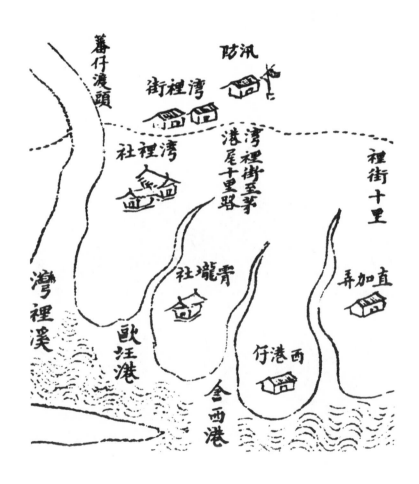

嘉義古稱諸羅山社，鄭氏曾來此屯田、騷擾，並無建樹。故 1704 年的康熙台灣地圖仍以草厝顯示，但 1760 年代的乾隆地圖（見次頁）則標出，滿清已在此建城，漢化者和不漢化者分家，不漢化者的居住地仍稱諸羅山社，是番社；漢化區稱爲諸羅

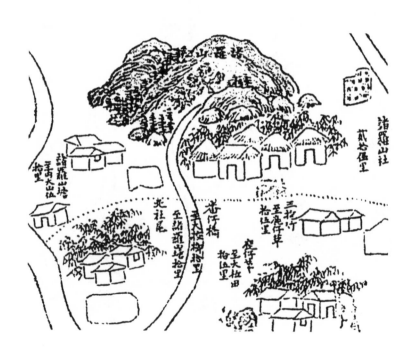

縣城，漢化番和唐山來的文武縣吏混居，當然不願
再回頭當番。經過林爽文起義的洗禮，地名改為嘉
義。而圖中的紅毛井，留下嘉義被荷蘭統治、也有
荷蘭血統的見證。

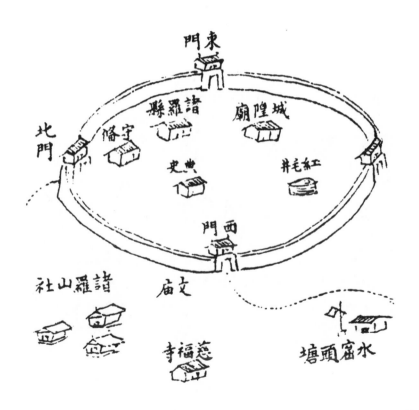

西螺古稱西螺社，在濁水溪旁。1704 年的康熙台灣地圖以草厝顯示尚未漢化，但 1760 年代的乾隆地圖標出已經分家，不漢化者仍稱西螺社，漢化者拋棄社名，但仍沿用西螺舊名，改「社」為

「街」，表示是漢人。西螺人背祖，濁水溪也數度背叛西螺，屢次改道都流走不少人命。唯一不變的是「西螺」兩字，見證西螺鎮民的台灣血統。

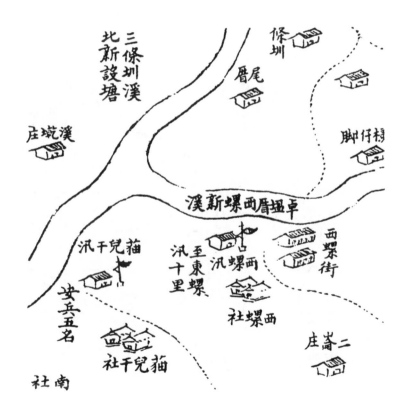

彰化古稱半線社，員林、社頭地區稱大武郡社，1704 年的康熙台灣地圖顯示均未漢化，但 1760 年代的乾隆地圖則標出，不漢化者被卑微地稱爲半線「番」社，漢化者和官員混居、高攀，稱

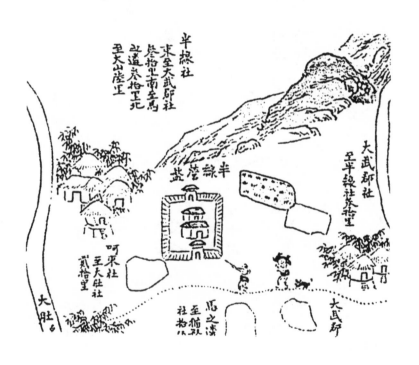

為彰化縣，當然自稱和佬人；大武郡社也改為大武郡仔庄。另外，柴坑仔社也屬彰化，康熙地圖未標出，但乾隆地圖已顯示是「庄」，見證了柴坑仔人漢化棄「社」立「庄」的歷史。

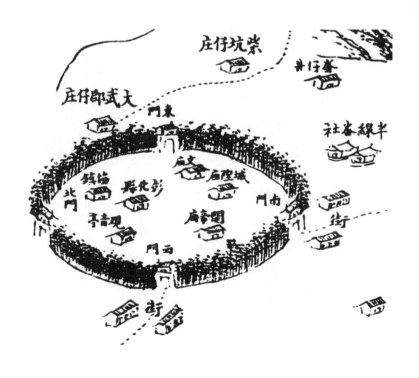

鹿港古稱馬芝遴社，1704 年的康熙台灣地圖顯示尚未漢化，還是住草房，但 1760 年代的乾隆地圖則標出已經分家，不漢化者仍稱馬芝遴社，漢

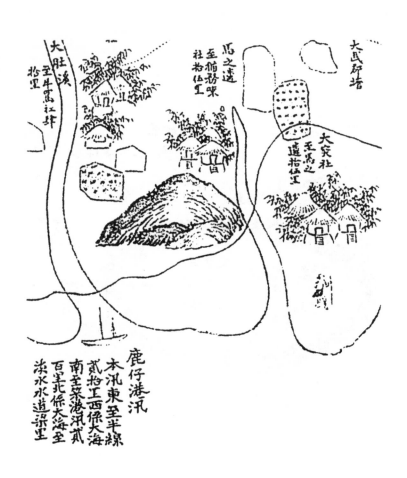

化者稱鹿仔港街。這裏是理番衙門所在，負責把嘉義到基隆的台灣人漢化。馬芝遴社的番人不被漢化、背祖才怪！

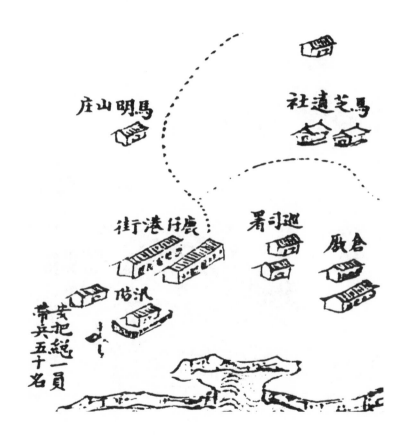

沙鹿古稱沙轆社，清水爲牛罵社，向來不服外族統治。鄭時沙轆社因反抗而被屠殺到只剩 6 人。1704 年的康熙台灣地圖顯示尙未漢化，但 1760 年

代已大不相同，乾隆地圖標出沙鹿只有沙轆大庄，
沒有沙轆社，而牛罵社旁也偷偷形成「庄」，為漢
化者的村莊。較熱鬧者為「街」，更熱鬧者為城。

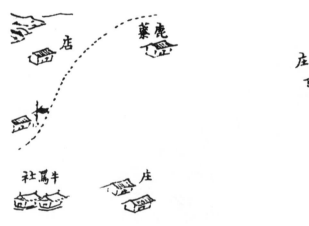

大甲古稱大甲社、日南社等等，有很多社，也都不服外來統治，1731年起義反清，留下可歌可泣的台灣史篇。故1704年的康熙台灣地圖顯示

尚未漢化，但 1760 年代的乾隆地圖則標出，漢化者棄社立庄，稱爲日南庄、日北庄，不漢化者仍稱日南社、日北社。大甲祖宗的內心一定不好受。

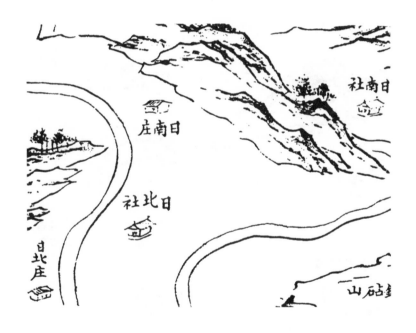

霧峰地區古稱萬斗六社，1704 年的康熙台灣地圖並未標示此社，但據說和佬人曾由大里上岸，在這一帶活動頻繁，台灣人受到影響而改變，所以 1760 年代的乾隆地圖標出，霧峰急速漢化，成為萬斗六庄和阿罩霧庄，「社」已經不見了。大里、霧峰地區的人很多否認台灣血統，自稱是純種和佬

人。背祖和921大地震有沒有關係，實在值得省思。

　苑裡古稱房里社、貓盂社、苑裡社，1704年
的康熙台灣地圖並未顯示，但1760年代的乾隆地
圖則標出，苑裡人已經因為漢化而分家，不漢化者
仍稱房裡社、宛裡社，漢化者稱房裡庄、宛裡庄。

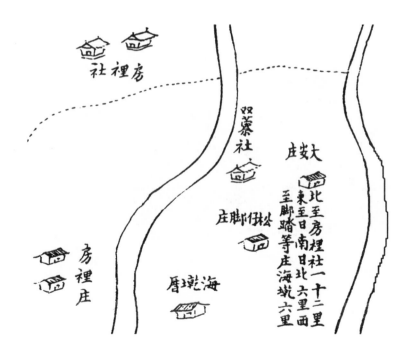

通霄古稱吞霄社，原是相當具有台灣意識的部落，他們1699年的抗清曾爲台灣寫下光輝的歷史。所以，1704年的康熙台灣地圖顯示在山腳下，住的是草厝，不願漢化，但1760年代的乾隆地圖已標出，不漢化者仍住山腳，仍稱吞霄社，漢化者遷出，改社爲庄，稱爲吞霄庄，自稱漢人。

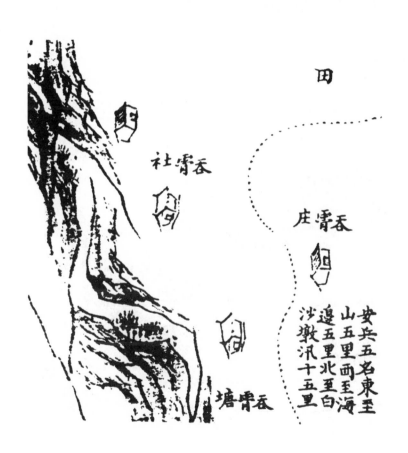

田

社霄吞

庄霄吞

塘霄吞

安兵五名東至
山五里而至海
邊五里北至白
沙墩汛十五里

苗栗後龍原稱後壠社，1704 年的康熙台灣地圖顯示尚未漢化，但 1760 年的乾隆地圖已標出，不漢化者仍稱後壠社，漢化者依照滿清規定，棄社為庄，稱為後隴庄。

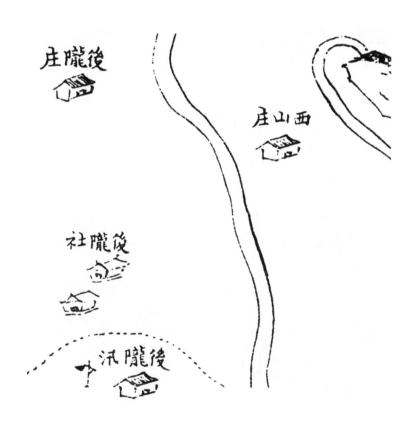

苗栗古稱加至閣社、貓裡社，1704 年的康熙
台灣地圖顯示尚未漢化，但 1760 年代的乾隆地圖

標出漢番分家的事實，不漢化者仍稱貓裡社，漢化
者稱貓裡庄。「貓裡」和「苗栗」，僅一音之轉。

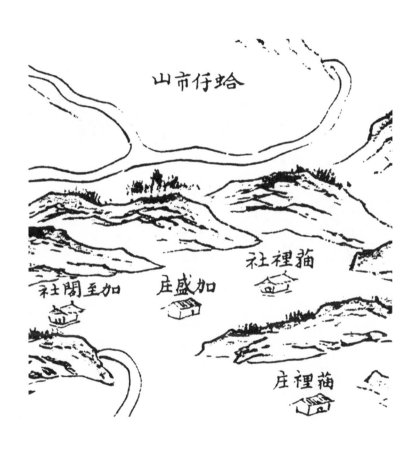

苗栗後龍埔頂等四里古稱新港社，1662 年抗
鄭失敗而投降，1704 年的康熙台灣地圖顯示尚未
漢化，不過 1760 年代的乾隆地圖已標出漢化者和

不漢化者分家，不漢化者仍稱新港社，漢化者稱新港庄。馬關條約後，本社頭目出庄迎接日軍，並且充當地區嚮導。

竹南古稱中港社，可能是 4,000 年前道卡斯族從南洋登陸台灣的地方。1704 年的康熙台灣地圖顯示尚未漢化，但 1760 年代的乾隆地圖已標出，

不漢化者仍稱中港社，漢化者稱中港庄，接受滿清賜姓，頭目改姓林，名合歡，因配合漢化有功，乾隆 30 年（1765）獲頒「國學鍾英」匾額。

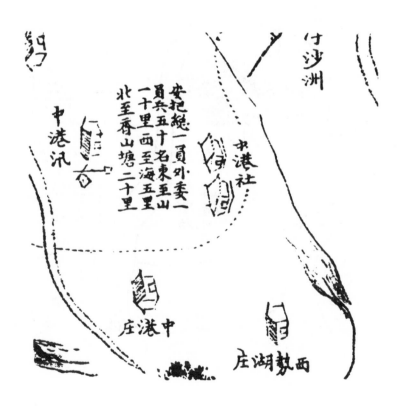

新竹古稱竹塹社，1662 年抗鄭失敗而四散。清初復聚，1704 年的康熙台灣地圖顯示不願漢化，但 1760 年代的乾隆地圖已標出，不漢化者仍稱竹

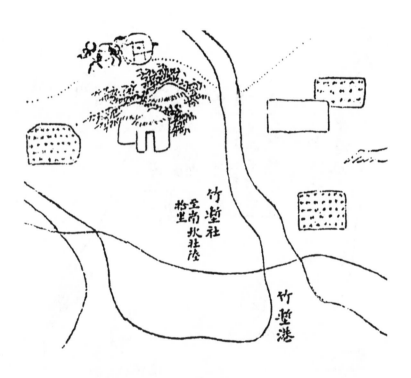

塹社，遷向東北（原圖上方爲東，下方爲西）。漢化者依規定棄社，才得居於一隅，稱爲竹塹城。

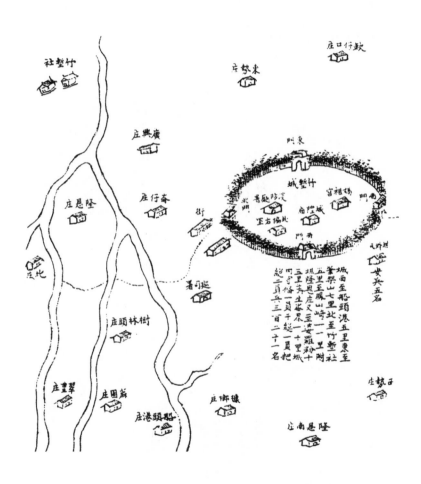

南崁古稱南崁社，淡水古稱淡水社。1704 年的康熙台灣地圖已有淡水城，顯示漢化程度高，但南崁尚未。1760 年代的乾隆地圖則標出，淡水漢化地區擴大，多了滬尾庄，不再稱淡水社；而南崁社旁也有了無名的「庄」，偷偷漢化。

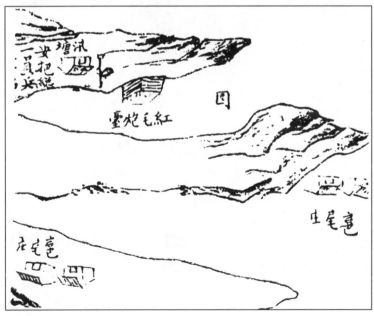

台北市士林區古稱毛少翁社，1704 年的康熙
台灣地圖顯示尚未漢化，但 1760 年代的乾隆地圖

則標出，士林區大多已漢化，並且放棄「麻少翁社」，改稱「八芝蘭林庄」。捷運「唭里岸」站名來自唭里岸社，秀朗來自秀朗社，兩地在康熙地圖均未標出，但乾隆地圖已有唭里岸庄、秀朗庄，可見漢化之速，台北人怎可能知道自己是原住民？

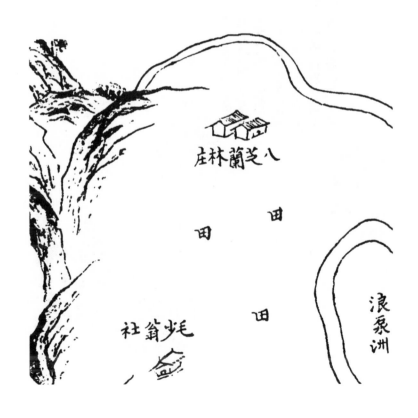

基隆市古稱大雞籠社，漢化很早，1704年的康熙台灣地圖顯示已經漢化，稱為大雞籠城，不漢化者仍稱大雞籠社，住在像雞籠一樣的茅草屋中。

第十二章

公元 *1691* 年，
台南人仍交番稅，卻假裝是漢人

　　1717 年周鍾瑄的《諸羅縣志》說明，「陸餉，番社餉也。」徵餉的對象是原住民。1691 年所徵屬「陸餉」的鄉鎮如下：

　　A. 台灣縣：今台南市及鄰近地區，全台最先漢化。行政上分 4 坊 15 里，而非某某社，顯示居民已漢化而棄社，「居民庄而不標榜社名」。1691 年時，從行政上看，已不是「番社」，稅負亦較低。但滿清知道台南市的「番底」，所課仍歸類為番社餉，徵銀 4,279 兩（每丁 4 錢 7 分 6），比台灣其他地區的總和還多。

　　B. 鳳山縣：今高屏縣市。徵餉銀共 1,720 兩。

　　（1）民 18 里：高雄平埔族在鄭據時就已漢化，不再是「社」，而是由「社」升級為「庄」，

再升級為「民」、「里」了。

（2）民8社：「民」為漢化之平埔族，「社」則表示「番」，民社可能意味著「半番」吧。計有：上淡水社（社皮）、阿猴社（屏東）、搭樓社（里港）、大澤機社（高樹）、下淡水社（萬丹香社）、力力社（崁頂）、茄藤社（南州）、放索社（林邊）。

（3）土番4社：歸順但尚未漢化，在屏東縣，下列各社除琉球社是平埔族外，均係排灣族。

加六堂社徵餉銀49兩

琅𥑊社徵餉銀51兩

琉球社徵餉銀9兩

卑南覓社（部分在台東）徵餉銀68兩

C.**諸羅縣**：今台南縣至基隆市。徵餉銀2,031兩。

（1）民18莊里：

包括新化里、善化里、安定里、諸羅山莊、打貓莊、他里霧莊、半線莊等，從名稱上就可看出，這些莊都是平埔社漢化分家而來。例如諸羅山莊分自諸羅山社（嘉義）、打貓莊分自打貓社（民雄）、他里霧莊分自他里霧社（斗南）、半線莊分自半線

社（彰化）。

（2）土番 34 社：

新港社 458 兩，蕭壟社 452 兩，麻荳社 172 兩，目加溜灣社 113 兩，大武壟社 914 兩，倒咯嘓社 313 兩，諸羅山社 65 兩，打貓社 136 兩，阿里山社 155 兩，崎嶺岸社 12 兩，大居佛社 17 兩，大傑顛社 190 兩，他里霧社 50 兩，猴悶社 49 兩，柴裏斗六門社 352 兩，西螺社 204 兩，東螺社 370 兩，南北投社 501 兩，麻霧揀社 29 兩，崩山社 134 兩，新港仔社 98 兩，麻芝干社 246 兩，南社 806 兩，二林社 425 兩，大突社 105 兩，馬芝遴社 215 兩，沙轆牛罵社 23 兩，半線大肚社 331 兩，大武郡牛相角二重坡社 165 兩，亞束社 70 兩，南崁社 98 兩，竹塹社 378 兩，上淡水社 22 兩，雞籠社 22 兩。

——資料來源：1694 年高拱乾《台灣府志》

註：「大清會典」戶口編審附註：「回、番（包括西藏及台灣山胞）、黎、猺、夷人等，久經向化者，皆按丁編入民數。」故上述之「民里」、「民社」，殆爲久經向化之番，被按丁編入民數者也。後人卻以爲「民」即「漢」。謬矣。

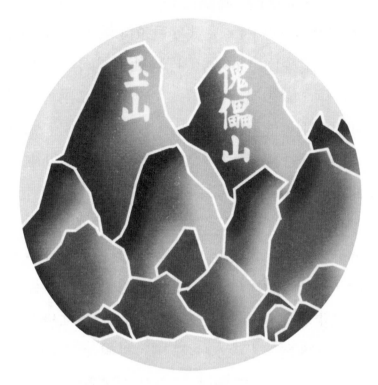

台灣人的祖先來自玉山、大武山
不是長江、黃河

第十三章

不交鹿皮卻完糧納稅，
證明台灣人早已漢化

　　生番不諳耕種，無餘米可交稅，故以鹿皮代替。熟番向包稅的社商買日用品，稅款就包含在貨款內（瞨社包稅）。「漢人」交稻米、丁銀。從當時的台灣人用什麼交稅，就可判斷他是生番還是熟番，或者已經變成「漢人」。

　　1683 年前漢化的台灣人：高屏 3,496 丁，台南 8,579 丁，麻豆以北 4,199 丁，交丁銀。

　　1683 ～ 1691 年漢化者：1,748 丁，1,844 口。

　　只有屏東、里港、高樹、萬丹、新園、崁頂、南州、林邊 8 社還個別徵谷。

　　1737 年番族「改照民丁例」，交丁銀者 5,090 丁。交丁銀表示完成漢化，視同「漢人」，可見到了 1737 年（乾隆 2 年），原住民很多已經歸化、漢化，但漢化而棄社者仍不多。因爲 1683 年平埔族

總人口為 41 萬，高山族人口 30 萬。1756 年各為 69 萬和 50 萬。不過，因為各地都有人漢化，成為各鄉鎮擴散的種子。1737 年時，屏東、高雄、台南市多已漢化，其他陸續漢化的地方如下。從其地名來看，大多是今日各縣市的主要鄉鎮，可見鄉鎮越大，漢化時間越早，其原住民歷史越難找。

高雄：路竹、岡山。

台南：新市、麻豆、佳里、玉井、東山。

嘉義：嘉義、民雄、阿里山。

雲林：斗南、斗六、西螺、崙背。

彰化：埤頭、溪州、溪湖、鹿港、二林、彰化、芬園、社頭。

南投：南投、草屯、竹山。

台中：沙鹿、清水、台中、大肚、龍井、大甲。

苗栗：苑裏、通霄、後龍、苗栗、竹南。

新竹：新竹。

桃園：南崁、龜山、八德。

台北：新莊、板橋、淡水、金山、北投、大龍峒。

基隆：基隆。

第十四章

草厝改建瓦厝，
在地人就變唐山人？

　　1704年的康熙台灣地圖似乎以瓦厝和草厝來區別「漢」「番」，有錢的「番」，除了漢化、漢姓漢名之外，住的房子也蓋瓦，這樣才「表裏一致」，別人才不會懷疑他們是「番」。可是當時瓦很貴，一般人若不是很有錢，想蓋瓦厝也無瓦可買，因為客戶少，經營瓦窯不符規模經濟，無法維持。

　　第12、13章告知台灣漢化的時間，從下頁台灣各地產瓦時間表得知，各地產瓦多在漢化之後，這表示，先有不少人漢化，才產瓦。另外，由於產瓦是由台南開始，逐漸向台北發展，從這個趨勢來看，台灣的漢化係由南向北，符合台灣漢化的發展趨勢。也就是說，台灣的瓦厝化是因本地人大量漢化，不是閩客湧入。

由「康熙、雍正年的開墾甲數」可知，台灣人之開發台灣，確是由南向北，但各地開墾時間相差不多，不過蓋瓦厝的時間相差很多。例如，嘉義、鹽水 1685 年復墾 12,271 甲，南投 1704 年復墾，兩地的開墾時間，嘉義只早 19 年，可是蓋瓦頂的時間，嘉義比南投早 90 年。嘉義和淡水、桃園比，只早 25 年，但蓋瓦厝的時間比桃園早 114 年，比淡水早 176 年。

　　從漢化、開墾、產瓦時間上的差異來比較，各地產瓦和漢化的時間比較接近，和各地開墾（所謂的漢墾）的時間相差很遠，顯示各地之所以產瓦，實係原住民大量漢化造成的充沛需求，使瓦窯經營成為可能，不是所謂閩客移民大量湧入、漢墾成庄所帶來的商機。

第十五章

台灣各地產瓦時間反映漢化時程

1665 年 陳永華教匠取土燒瓦，價昂，僅台南附近
　　　　廟宇官署改瓦頂。

1706 年 諸羅縣學（1686 建）原蓋茅草改蓋瓦頂。

1715 年 鹽水觀音宮改瓦頂。

1715 年 關渡媽祖廟改瓦頂（可能係由台南以海路運
　　　　往，因長途陸運易破碎）。

1796 ～ 1820 年 間南投開始產瓦。

1820 ～ 1851 年 間桃園開始產瓦。

1831 年 宜蘭縣丞（1812 建）改瓦頂。

1882 年 淡水尚未產瓦，馬偕建大書院，磚瓦購自
　　　　廈門。

　　　　　　——取自劉寧顏（文獻會副主委）《台灣的寺廟》

◎康熙、雍正 (1685 至 1735 年) 開墾甲數

台南： 1624 年始墾。台灣縣 4260 甲。

高屏： 1636 年始墾。鳳山縣 6740 甲。

嘉義、鹽水：鄭時始墾，1685 年復墾。

　　　　諸羅縣 12，271 甲。

南投：鄭時始墾，1704 年復墾。

　　　彰化縣 13,548 甲。

淡水、桃園：鄭時始墾，1710 年復墾。

　　　　淡水廳 502 甲。

第十六章

清初平埔族就信媽祖，
媽祖廟不代表和佬庄

　　某些學者認為媽祖廟是和佬聚居的祭祀圈概念應該被推翻了！

　　很多人基於台灣係閩客開墾的錯誤歷史認知，以為閩客來台開墾某地，同類相聚，到達相當人數時，就會集資建廟以求平安或發財。和佬人因來自媽祖的原鄉，所以蓋的必然是媽祖廟，而客家人來自三山國王的原鄉，蓋的必然是三山國王廟。2、300年後的「學者」做田野調查，看到有2、300年前建的媽祖廟，就斷言當地必是和佬人所墾，是和佬聚落；看到三山國王廟，就以為是客家人所墾，是客家聚落。

　　可是根據調查，事實並非如此，平埔族很多很早就信媽祖。再查荷蘭據台時的情形也一樣，荷

蘭據台才十幾年，麻豆及佳里的平埔族 5,000 多人大都信了基督教。可見，平埔族是隨統治者而改變宗教信仰的，誰來統治，就信什麼教。清據初，平埔族就信了媽祖，並由台南擴至台北。以下幾則記載可供佐證。切勿以爲有媽祖廟就表示當地是和佬人所開發，有三山國王廟就是客家人所開墾。

與平埔族有關的媽祖廟舉例

台北關渡宮：「康熙 51 年（1712）建廟，以祀天妃。落成之日，諸番並集。」──《諸羅縣志》。誰是「諸番」？台北的凱達格蘭平埔族是也。

神岡萬興宮：「雍正 9 年 12 月（1731）大甲西社首魁聯合數社倡亂時，張達京統領社勇（即平埔族壯丁）敉平有功，受清廷獎賞，於是引進香火歸台至此。」──《台中縣寺廟大觀》

大甲鎮瀾宮：「乾隆 35 年（1770）林對丹捐建。」──《淡水廳志》。祀於祿位者，有巧化龍、淡眉他灣、郡乃蓋厘、蒲本步等大甲社平埔族人，看名字就知道。

埔里興安宮：同治 8 年（1870）大肚社番巫阿新賀己之子向平埔族募款建廟。──《南投縣風俗志》宗教篇

埔里恆吉宮：同治 10 年（1872）由道卡斯、拍瀑拉、巴宰海、洪安雅等族首要募款建廟。──同上宗教篇

其他還有許多實例，不勝枚舉，例如，屏東林邊鄉有一座媽祖廟，是平埔族放索社的祖廟拆建而成。這顯示，用當地有媽祖廟來推論當地必由和佬開墾，有三山國王廟必由客家人開墾的「祭祀圈」理論已站不住腳了。

──來源：林文龍〈台灣平埔族媽祖信仰述略〉

宗教上，屏東更早漢化

「阿猴渡、萬丹渡、新園渡，皆八社番掌管曠渡，為中元三資，官司憐窮番之意也。」──《重修鳳山縣志》（1764）

八社番皆在屏東，最初稱為鳳山八社土番：武洛社（高樹），搭樓社（里港），阿猴社（屏東），

上淡水社（萬丹社皮），下淡水社（萬丹香社），放索社（林邊），力力社（崁頂），茄藤社（南州）。

　　既然 1764 年的《重修鳳山縣志》記載全屏東的平埔族都慶祝中元，也證明了屏東人在 1764 年前就漢化很深了，而且是全面性的。否認自己是平埔，自稱漢人，是意料中事。有人不理解此事，以為屏東人是漢人，那是只瞭解中國歷史而不瞭解台灣歷史的結果。台灣越早漢化的地區，越不知道自己是原住民，反而以漢人自居，以為中國是祖國。

　　台灣全面性漢化的先後次序如下：1.台南、高雄、屏東。2.嘉義、雲林、彰化、南投、台中。3.苗栗、新竹、桃園、台北、基隆。4.宜蘭。5.花蓮、台東。因為全面被漢化了，所以台灣人自稱是閩客，甚至連阿美族也自稱是中國人，實在太離譜了。

第十七章

古地契無法證明台灣係閩客開墾

　　近來研究台灣的學者，有的用祭祀圈概念，有的用古地契文書，證明台灣係漢人開墾。祭祀圈概念的錯誤已如上述，古地契文書也犯了同樣的錯誤。因為原住民早在鄭氏據台時已經有人漢化，用漢姓名，入清之後更多，經過一段時間，就自稱是漢人，以免被譏笑為番，還要多繳稅、多勞役，權益也沒保障。假使古地契上的關係人不註明是「某社」或「某社番」，光看漢姓、漢名，必然被誤導為這個人是漢人（舉例如下）。所以，看古地契時，不要以為承購或承佃者的姓名是漢姓、漢名，就以為是漢人。他們大多是漢化較久的原住民，知道放棄番名對他們比較有保障。

例一：

　　「立賣田契人水裏社林筵任，有自墾水
　　田三段，……今因乏銀費用，托中送就楊宅長
　　江邊出資承買……。」雍正十三年十二月　日

　　「水裏社」就是台中龍井，是拍瀑拉平埔族。
「林筵任」顯然是漢化的平埔族，若田契上不註明
是「水裏社」，有誰不把他當做「漢人」？另外，
楊宅長、江邊就是漢人嗎？

例二：

　　「立給佃批人感恩社土官蒲氏悦，緣本
　　社承祖田二甲，在路邊五分，在北勢山邊。
　　其田二甲五分，付與黃宅耕作……。」乾隆
　　二年八月　日

　　本例的問題與上例同，感恩社是台中沙鹿，
亦屬拍瀑拉平埔族。早在乾隆2年之前就有族人改
用漢姓名，比乾隆23年的全面賜姓還早。以古地

契上買地、租地多是漢姓名而斷言台灣係漢墾，實在不妥。

例三：

「立退埔契人周珍全，有暎業主蒲氏悅生埔一處……。今因不能自耕，一問房親不受，自情願出退……。」乾隆元年二月　日

例二與例三之蒲氏悅為同一人，例二寫明他是感恩社土官，所以一望便知是平埔族，但例三只記漢姓名「蒲氏悅」，照一般人的理解，必然把他當做漢人。以古地契來推論台灣社會係漢人結構，其錯誤就在這裏。一般來說，台灣古地契的受典、買受人幾乎都是漢姓名，而出典、出賣者，在康熙及雍正初，大都是貓老尉、蛤肉、加貓等名字，一望便知是原住民特有的名字，雍正、乾隆之後，因為漢化及賜姓的結果，越來越多的漢姓漢名不勝枚舉，以下便是一例。

例四：

　　「同立佃批字搭樓社番業主王徑義、王雲龍，前年父在日，有埔地址在雙尾莊，被水沖崩，幸已浮復。嘉慶二年，有漢人鄭雙琳官托中前來認墾……。」嘉慶五年十月　日給

　　搭樓社是屏東里港，番業主姓王，應當是被賜之姓。接手者鄭雙琳被稱爲漢人，這也是很可疑的。幾乎所有古地契的接手者都是漢人，而無「番人」，是否與當時之官府偏袒漢化者有關，若不僞稱漢人，唯恐發生糾紛時佔不到便宜？

第十八章

台閩每歲梯航十數萬？
是載貨還是載人？

　　周元文的《台灣府志》記載：「閩、廣之梯航日眾；綜觀簿籍，每歲以十數萬計。」有人就以這段記載，支持台灣人來自中國的論點。但細察之後，發現並非如此。

　　周元文的《台灣府志》完成於康熙49年，有關上述的記載，出自「申請嚴禁偷販米穀詳稿」，整段內容為：「竊照台郡當初闢之區，地廣人稀，菽粟有餘，原稱產米之地。自數十年以來，土著之生齒既繁，閩、廣之梯航日眾；綜觀簿籍，每歲以十數萬計。一郡三邑出產幾何？即以歲收豐盈，僅足以供本地兵民日食。況所屬三縣，惟有鳳、諸二邑出產米穀。」

　　顯見周元文所講的「梯航每歲十數萬」應是

運貨，不是載客，但是船數每歲十數萬，非常可疑。若「梯航每歲十數萬」，則一天至少有3、400艘由廣東、福建進來台灣，由台灣出去的，當然也應有3、400艘，否則船席爆滿，無處泊船，十分危險。如此算來，每天應有600至800艘船經過台灣海峽，這是不可能的。康熙49年時的商業不發達不必說，就以目前這麼繁榮的情形來看，每天經過台灣海峽的船隻，都不一定天天有100艘，可見周元文言過其實。

另外，雍正3年（1725）離康熙49年（1710）才15年，根據記載，雍正3年時的台灣海運就已分北郊、南郊、港郊。北郊出口地為福建以北的上海、寧波、天津、煙台、牛莊。南郊為福建、廣東，涵蓋漳州、泉州、金門、廈門、香港、汕頭及南洋。港郊則為台灣本地各海港，如東港、旗後、五條港、鹽水港、朴仔腳、鹿港、梧棲、滬尾、基隆等，亦即內銷。

周元文的「閩、廣」「梯航每歲以十數萬計」顯然是指「南郊」之船，因為光以「南郊」之海運，

「每歲以十數萬計」更不可能。若是指「港郊」，則說不定，因為康熙 49 年時的台灣，幾無陸路交通，運輸唯靠船運，若以進出島內各港大小船舶皆算，說不定「每歲有十數萬」。但這只是台灣內部人員、物資的流動，和中國無關。

平埔族

台灣人屬平埔族較多，大致分爲9族以上，以「社」標示，例如：屏東市爲「阿猴社」。各族分佈如下：

(1) 西拉雅族（Siraya）：台南、高雄、屏東。在高屏者又稱馬卡道。

(2) 洪安雅族（Hoanya）：嘉義、雲林大部分、彰化東部、南投、台南、白河、東山，台中大里、霧峰。

(3) 貓霧捒族（Babuza）：彰化、台中市大部分，雲林虎尾、西螺。

(4) 巴宰海族（Pazeh）：豐原、神岡、潭子、石岡、新社，苗栗三義一帶。

(5) 拍瀑拉族（Papora）：台中清水、沙鹿、龍井、大肚。

(6) 道卡斯族（Taokas）：新竹、苗栗，台中大甲。

(7) 凱達格蘭族（Ketagalan）：基隆、台北大部分、桃園。

(8) 雷朗族（Luilang）：台北中和、永和、新店。（也有以馬賽族爲中心的分類法）

(9) 噶瑪蘭族（Kavalan）：宜蘭平原。

第十九章

台灣人攀漢滅祖，有數據為證

　　1661 年鄭成功據台，實施漢化政策 22 年，稍有成效，滿清據台，「化生番為熟番，化熟番為漢人」尤其積極，漢化後的台灣人不再認為自己是「番」，而是「漢人」，起初只是優越感作祟，意識形態有不正常反應，最後竟連自己的原住民血統也否定了。比較康熙和乾隆地圖上所得到的漢化事實，是早期的證據。到了 20 世紀，台灣人滅祖的悲劇仍繼續上演。據瞭解，20 世紀初，平埔族和高山族因為漢化，剩下不到 10 分之 1。1895 年日本入據，1904 年收購原住民的特權「番大租」後，「番」不再有特權，平埔族滅祖者又告增加，到了 1943 年日本在台最後一次戶口普查，承認自己是平埔族的，居然連一個也沒有。現在，外來的中華民國政府宣佈，只要是日據時代戶口謄本「種

別欄」登記爲「熟」的，亦即熟番、平埔族，就可視同原住民，就有資格購買山地保留地。這也是特權。不知日人眼中貪財、怕死的台灣人，這次會不會礙於面子，不敢恢復爲熟番？

下表指出，公元 1895 年及 1910 年，日本人在苗栗的通霄、苑裡，台中的大甲，嘉義的民雄、溪口、新港、大林等地區的調查發現，1895 年滿清尚未把台灣交給日本時，這些鄉鎮聽說有成千上萬的平埔族，到了 1910 年，才 15 年，居然剩下不到百分之一。顯然平埔族利用改朝換代的時候，順便也把自己的血統改成閩客，從此不再承認台灣祖先。別的鄉鎮因爲更早背祖，日本人來時，連平埔族的傳說也聽不到了。

平埔族	1895 年調查	1910 年調查
通霄（吞霄社）	7,000 人	93 人
苑裡（貓盂社）	10,000 人	86 人
苑裡（房里社）	7,000 人	0 人
苑裡（苑裡社）	4,000 人	0 人
大甲（雙寮社）	6,000 人	44 人

新港（打貓社）	12,134 人	0 人
大林（打貓社）	3,115 人	0 人
民雄、溪口（打貓社）	7,814 人	27 人

註：打貓社資料來自《嘉義管內采訪冊》，1897～1901，
　　其餘來自「熟蕃戶口及沿革調查綴」，1910。

通霄和大甲的祖先台灣意識十足，也轟轟烈
烈反抗過滿清，在全台灣，其後代子孫堅持最久、
人數最多，到了 1895 年之前幾年，仍有 1 萬多人
不放棄。可是想不到當他們決定放棄時，居然竟連
祖宗都不認，更不用說反抗外來政權了。世事變化
之大，實屬難料。

◎ 1897～1901 年「打貓辦務署」調查報告──
　　《嘉義管內采訪冊》

新港、大林、民雄、溪口，1901 年以前多是
平埔族打貓社的後代，似乎是自 1904 年「番大租」
被收購後，都說自己是和佬人或客家人，所以現在
沒有人承認自己是平埔族或高山族，和台灣各地滅
祖的情形大致相同。當時的戶口如下：

打貓西堡（新港），1900年有2,696番戶，12,134番丁。1街17莊。

新南港街	1106 番戶	4975 丁口
大潭莊	162	730
中莊	187	
海豐莊	6	14
后底湖莊	30	
古民莊	230	1014
舊南港莊	151	693
板頭厝莊	54	272
頂灣仔內莊	67	329
下灣仔內莊	32	169
頂菜園莊	20	71
下菜園莊	8	37
埠頭莊	68	235
后莊	83	289
崙仔莊	10	1133
埠仔頭莊	85	425
柴林腳莊	180	747
田心仔莊	17	86

打貓北堡（大林），共 961 番戶，3,115 番丁。1 街 14 莊。

大莆林街	77 番戶	287 丁口
大湖莊	58	212
竹仔腳莊	8	49
甘蔗崙莊	103	383
水汴頭莊	28	97
徘仔路莊	98	300
陳井寮莊	97	354
菜園莊	78	350
湖底莊	30	131
早知莊	34	42
新厝莊	13	48
菜寮莊	7	29
瓦窯莊	8	38
下埤頭莊	290	524
水尾寮莊	42	171

打貓南堡（民雄、溪口），1900 年有 4,316 番戶，7,814 番丁。1 街 55 莊。

打貓街	155 番戶	725 丁口
厝仔莊	66	226
番仔莊	107	469
后 莊	332	729
本廳莊	125	452
嵜尾莊	132	659
小田林腳莊	27	109
海豐仔莊	86	436
潭底仔莊	26	120
天赦莊	17	121
西莊	142	421
竹仔腳莊	91	337
雙援莊	82	289
橋頭莊	11	52
外菁埔莊	165	650
元吉仔莊	17	63
內菁埔莊	14	62
社溝瓜州（鴨母寮莊）	72	350
新莊	46	149
田中央莊	97	453
柴頭猴莊	52	182

番仔溝莊	25	92
南路厝莊	147	587
下土庫莊	18	73
鴨母濫莊	79	390
山腳莊	15	67
義橋莊	22	113
劉竹仔腳莊	16	80
江厝店莊	16	80
牛斗山莊	202	816
牛稠溪莊	116	413
雙福莊	40	169
中莊	35	171
東勢湖莊	206	863
好收莊	270	990
新莊仔莊	27	153
頂下山腳莊	86	297
崙仔頂莊	110	429
虎尾溪	68	278
圳溝墘莊	15	67
呵蓮莊	98	338
頂坪莊	32	123
下坪莊	37	179
上崙莊	31	104

下崙莊	69	315
新興莊	24	93
南靖厝莊	68	251
柳仔溝莊	61	243
頂寮部莊	61	298
下寮部莊	13	87
竹圍莊	28	101
雙溪口莊	209	876
後港莊	114	626

註：《嘉義管內采訪冊》是日本佔據台灣之後，於1897～
1901年間，由「打貓辦務署」調查的民雄地區人口報
告。它以日文寫成，後人譯成中文，起初作者以爲是
譯者不懂日文「幾番地」的意義，將之誤爲「幾番戶」，
如此將使未特別指明種族的人口調查，變成平埔族的
調查。但檢查《采訪冊》，每一「番戶」都有好幾個
「丁口」，終於確定是「番戶」而不是日文的「番地」。
事實既是如此，那麼，除了番大租被收購之外，新港、
大林、民雄、溪口等地之人，爲什麼那麼快就集體否
定自己？實在值得研究。

第廿章

歷經 234 年漢化磨難
而不屈服的台灣人

1910 年日本政府調查，平埔社名都改為庄，只剩下不忘本的平埔族人還承認自己是熟番，不是民戶。

阿猴廳（今屏東）

	戶	男	女
加蚋埔庄	90	85	151
后庄	19	28	42
舊寮庄	98	121	173
搭樓庄	0	0	2
田仔庄	41	58	57
埔羌崙庄	0	0	4
東振新庄	1	1	4
阿扳泉庄	12	21	35
瀰力肚庄	1	2	4

三張部庄	1	4	2
阿里港庄	2	9	8
海豐庄	8	29	23
火燒庄	1	5	11
麟洛庄	0	0	16
德協庄	0	0	10
歸來庄	24	65	75
大湖庄	24	59	56
頂林庄	6	23	25
社皮庄	2	3	3
公館庄	0	0	5
老埤庄	145	573	613
番仔厝庄	50	167	169
隘寮庄	41	87	102
新圍庄	1	2	2
彭厝庄	48	73	83
高樹下庄	0	0	1
鹽埔庄	2	4	7
大路關庄	5	6	22
萬丹庄	1	2	2
頂林仔庄	4	10	14
甘棠門庄	1	0	1
内埔庄	5	12	34

新東勢庄	2	2	9
新北勢庄	0	0	7
西勢庄	0	3	3
老北勢庄	0	0	2
頓物庄	4	9	14
溝仔墘庄	63	171	169
鳳山厝庄	43	116	123
崁頂庄	7	25	37
檨仔腳庄	118	225	382
田林庄	8	24	20
崙仔頂庄	2	7	4
萬巒庄	0	0	13
新厝庄	44	135	123
赤山庄	215	727	837
砡仔仔庄	0	0	1
竹仔腳庄	0	0	3
濫庄	2	7	7
牛埔庄	0	0	1
田墘庄	4	13	8
餉潭庄	89	302	320
糞箕湖庄	51	147	168
昌隆庄	1	6	5
武丁潭庄	1	5	8

	户	男	女
大武丁庄	0	0	2
新埤頭庄	1	5	1
建功庄	0	0	4
打鐵庄	1	4	11
南岸庄	0	0	1
茄苳腳庄	0	0	5
石光見庄	0	1	3
葫蘆尾庄	19	60	96
溪州庄	0	0	1
溪州庄	11	27	54
東港庄	12	30	28
下埔頭庄	0	0	2
內埔庄	0	0	4
內埔庄	46	113	101
新開庄	57	178	193
大響營	66	209	192
合計	1,500	4,003	4,690

恆春廳

	户	男	女
射麻裡庄	54	184	171
山中庄	2	14	8
合計	56	198	179

鳳山廳

	戶	男	女
牛食坑庄	17	47	46
前埔厝庄	1	3	5
苓雅寮庄	3	3	9
五塊厝庄	4	26	34
灣仔內庄	1	0	2
平湖埔庄	2	6	8
溪埔庄	2	5	4
山仔頂庄	1	1	3
合計	41	91	111

蕃薯寮廳（高雄旗山地區）

	戶	男	女
阿里關庄	215	588	588
大丘園庄	121	305	292
茄苳湖庄	110	307	306
十張犁庄	123	314	313
山杉林庄	99	263	254
六龜里庄	170	479	476
荖濃庄	146	384	376
土壟灣庄	128	566	354
新庄	3	7	20

月眉庄	28	63	96
新威庄	7	12	12
計四社番	1,150	3,288	3,086
溝坪庄	70	200	174
萊仔坑庄	155	411	416
目潭仔庄	161	334	394
蕃薯寮街	13	34	33
勞毒坑庄	17	37	37
中壇庄	0	0	1
金瓜寮庄	0	0	2
瀰濃庄	1	1	3
竹頭角庄	0	0	1
龍肚庄	0	0	1
計大傑顛社	417	1,017	1,061
木柵庄	219	587	617
內埔庄	0	0	3
東勢埔庄	38	88	105
狗氳氤庄	21	67	56
水蛙潭庄	11	31	30
計新港社	289	773	811

台南廳

	戶	男	女
大坑尾庄	23	59	57
知母義庄	12	17	23
里照拄仔庄	36	85	97
新港庄	134	402	397
新港庄	35	71	83
潭頂庄	38	95	97
崗仔林庄	91	258	240
草山庄	27	74	75
山豹庄	93	248	260
沙仔田庄	22	55	67
竹圍庄	2	2	5
龜丹庄	10	25	25
康陶庄	3	5	4
灣垵庄	19	54	46
加投庄	3	9	2
北寮庄	23	66	57
竹頭崎庄	11	22	24
南庄	5	12	13
蕃埔寮庄	16	36	45
芒仔芒庄	37	101	104
九層林庄	8	24	24

	戶	男	女
山衛庄	30	74	72
崎頂庄	4	14	13
龜丹庄	2	8	7
合計	684	1,816	1,837

鹽水港廳（鹽水）

	戶	男	女
善化牛稠庄	15	38	41
善化頭社庄	15	48	57
☆竹宛庄	18	39	71
交力林庄	33	100	101
竹湖庄	19	55	66
紅花園庄	9	14	17
紅花園庄	37	80	106
☆頭社庄	39	100	113
鳴頭庄	33	69	90
☆吭頭庄	35	149	143
霄里庄	11	30	34
內霄里庄	34	81	78
芝萊它庄	7	16	18
☆芝萊它庄	15	33	24
路東庄	11	21	35
☆路東庄	50	73	60

崎仔庄	7	26	23
☆北寮庄	9	15	16
蕃仔田庄	43	86	99
吉貝耍庄	137	319	388
岩蘇庄	12	40	43
白水溪庄	22	51	57
六重溪庄	27	71	51
合計	438	1,074	1,226
	☆ 200	910	911

嘉義廳

	戶	男	女
諸羅山社	4	0	4
打貓社	5	16	11
合計	9	16	15

斗六廳

	戶	男	女
柴裡社	25	24	21
南社	8	20	22
南社	3	5	3
不詳	10	47	44
合計	46	96	90

彰化廳

	戶	男	女
南門口庄	12	33	16
阿束社	1	2	2
北正坑社	2	1	1
大武郡社	14	21	9
東螺社	5	10	5
馬芝遴社	171	535	532
二林社	6	12	6
合計	211	614	571

台中（葫蘆墩支廳）

	戶	男	女
岸裡大社	35	143	117
遷善社	10	19	22
水裡社	1	1	3
大肚社腳庄	1	5	6
合計	47	168	148

南投廳

	戶	男	女
埔里社街	7	4	9
桃米坑庄	1	2	3

生番空庄	21	61	71
水頭庄	3	5	6
烏牛欄庄	13	41	38
大肚城庄	54	164	139
牛相觸街	13	41	38
埔里社街	17	28	32
枇杷城庄	26	78	72
桃米坑庄	0	0	1
水頭庄	36	105	92
牛眠山庄	10	22	22
史港坑庄	9	14	13
山埔社庄	0	1	1
烏牛欄庄	2	10	9
大肚社庄	4	10	13
大埔庄	2	20	11
埔里社街	2	2	8
枇杷城庄	32	84	87
桃米坑庄	1	1	4
水頭庄	1	5	5
牛眠山庄	47	128	164
史港坑庄	6	9	11
小埔庄	0	0	1
烏牛欄庄	8	20	25

牛相觸庄	8	29	26
大南庄	48	142	163
埔里社街	15	23	20
桃米坑庄	0	0	1
生番空庄	1	3	2
水頭庄	1	1	5
牛眠山庄	3	10	7
史港坑庄	3	9	4
烏牛欄庄	3	4	8
房里庄	1	2	4
大肚城庄	50	189	166
大湳庄	4	21	12
埔里社街	6	9	7
水頭庄	3	20	11
牛眠山庄	31	82	96
史港坑庄	14	52	60
小埔社庄	1	3	4
烏牛欄庄	43	94	105
水尾庄	17	55	54
房里庄	68	284	288
大肚城庄	1	1	1
大湳庄	9	24	10
牛眠山庄	2	16	15

史港坑庄	5	19	21
小埔社庄	0	0	2
大湳庄	0	2	6
合計	653	1,920	1,939

苗栗廳

	戶	男	女
貓閣社	35	99	114
南湖庄	0	0	1
大湖庄	0	0	2
八角林	0	0	1
獅潭庄	6	28	16
鯉魚潭庄	22	69	54
雙寮社	3	3	2
			清末 6,000 人
日南社	2	4	1
大甲東社	15	28	22
大甲西社	8	16	5
吞霄社	22	42	51
			清末 7,000 人
貓盂社	12	43	43
			清末 10,000 人
雙寮社	11	28	16

后壠社	31	88	72
新港社	180	543	524
合計	347	991	92

清末房里社 7,000 人

宛里社 7,000 人

新竹廳

竹北堡	戶	男	女
新社庄	2	9	9
番仔陂庄	6	13	17
田寮坑庄	5	12	2
橫山庄	1	2	0
頭份林庄	1	0	1
二重埔庄	2	3	1
三重埔庄	2	5	1
水坑社	2	3	8
南河庄	3	8	5
樹杞林街	3	8	10
新埔街	2	7	6
四重埔庄	2	4	4
樟樹林庄	1	1	3
旱坑庄	2	6	4
田新庄	1	2	3

鹿鳴庄	6	17	14
枋寮庄	3	8	10
坪頂埔庄	1	1	3
大平窩庄	1	1	3
中港街	11	23	20
田尾庄	5	10	14
南庄	1	1	3
北獅里奧庄	18	62	65
峨菜社	12	31	33

賽夏族，下同

大隘社	40	125	89
北月庄	14	51	35
大東河社	14	31	39
獅頭驛社	16	67	65
南獅里興社	17	54	51
合計	195	571	521

桃園廳

	戶	男	女
龜崙社	36	103	57
南崁社	18	51	45
霄裡社	38	100	34
合計	92	254	136

台北廳

	戶	男	女
嘎嘮別庄	24	47	46
不詳	4	12	20
不詳	3	12	14
里族社	5	16	16
武囉灣社	56	143	108
八里坌社	1	0	1
北投仔庄	1	3	1
大屯社	16	20	11
八里坌社	9	30	7
不詳	1	5	3
巴埔社	3	5	2
可畏郎社	1	2	0
合計	127	305	229

宜蘭廳

	戶	男	女
打馬煙社	30	66	60
哆囉遠社	35	85	75
合興庄	15	27	30
大里簡庄	11	26	29
寄武暖庄	39	69	52

新仔罕社	6	17	15
珍仔福力社	5	9	10
擺離社	9	15	23
深溝庄	2	4	7
壯五庄	1	0	1
抵養簡社	14	24	39
壯七庄	1	0	1
林尾庄	3	5	4
抵美福庄	9	20	15
其立丹庄	12	24	23
39結庄	5	10	6
大湖庄	10	24	21
奇立扳社	14	23	28
貓里霧罕社	5	12	12
抵養社	7	11	12
踏踏社	1	2	2
南方澳	37	69	64
港口庄	2	2	2
清水庄	22	45	47
波羅辛仔宛	6	8	13
打那岸社	1	2	0
月眉庄	4	8	9
武淵庄	20	32	30

珍珠里管庄	19	44	52
下五結庄	3	9	9
加禮宛庄	30	53	61
糞箕湖庄	1	2	2
補城庄	3	9	9
奇武荖庄	21	46	45
阿里穴庄	1	2	2
19 結	1	2	2
紅榮林庄	30	59	63
紅柴林庄	40	101	97
阿里史	11	27	27
大湖	9	22	16
大湖庄	0	2	3
八哩沙庄	23	49	43
月眉	67	117	137
破布鳥	94	192	194
宜蘭街	1	2	13
合計	697	1,400	1,443

花蓮港廳

	戶	男	女
里壠庄	66	213	207
新開園庄	32	86	115
萬安庄	21	71	94
大坡庄	20	68	69
公埔庄	143	449	392
螺仔溪庄	59	150	133
頭人埔庄	44	96	119
堵港埔庄	17	55	57
張張埔庄	17	44	31
石牌庄	36	97	98
里行庄	23	47	61
新鄉大庄	108	384	351
萬人埔庄	59	186	160
馬加錄庄	17	45	47
璞石閣庄	2	4	13
針塑庄	5	6	7
客人城庄	16	47	42
下嘮灣庄	8	22	17
石公坑庄	13	23	21
迪佳庄	26	57	67
觀音山庄	44	123	131

	戶	男	女
麻汝庄	32	121	93
織羅庄	17	47	35
猛仔蘭庄	1	3	0
馬久茶社	2	3	0
合計	828	2,447	2,360

台東廳

	戶	男	女
石寧埔庄	17	41	37
沙汝灣庄	9	17	19
僅那廉角社	5	12	7
彭仔存莊	10	23	18
大竹湖庄	8	24	21
馬稼海庄	2	6	4
三馬塵庄	13	43	40
水母丁庄	3	10	5
石坑社	45	202	219
大掃別社	18	65	59
小竹湖社	7	28	42
合計	137	471	471

第廿一章

平埔族只是滅祖，沒有滅種

　　1935年日本人調查，全台各地還有下列這麼多可愛的台灣人，不肯背棄平埔祖先而改稱閩客。但1943年的調查，全台已無人承認自己是平埔族，而是漢人的流寓土著民戶了。

台北州　男1,366　女1,167

台北市	17	17	基隆市	97	54
七星郡	72	42	淡水郡	63	26
基隆郡	97	76	宜蘭郡	233	206
羅東郡	521	549	蘇澳郡	133	121
文山郡	28	16	海山郡	102	57
新莊郡	3	3			

新竹州　男1,412　女1,232

新竹市	6	4		新竹郡	3	1
中壢郡	6	5		桃園郡	237	142
大溪郡	96	43		竹東郡	6	9
竹南郡	785	755		苗栗郡	258	260
大湖郡	15	13				

台中州　男3,574　女3,583

台中市	42	23		彰化市	37	20
大屯郡	23	23		豐原郡	120	127
東勢郡	6	5		大甲郡	96	72
彰化郡	61	60		員林郡	2	8
北斗郡	29	13		南投郡	23	28
新高郡	180	158		能高郡	2928	3017
竹山郡	27	29				

台南州　男4,816　女4,793

台南市	28	23		嘉義市	10	6
新豐郡	75	99		新化郡	2931	2904
曾文郡	692	742		北門郡	28	24
新營郡	954	905		嘉義郡	45	41
斗六郡	16	8		虎尾郡	29	34

北港郡	1	東石郡	8	6

高雄州　男 13,467　女 13,315

高雄市	10	1	屏東市	220	231
岡山郡	131	134	鳳山郡	317	309
旗山	5702	5421	屏東郡	871	939
東港郡	412	412	潮州郡	4411	4563
恆春郡	1383	1293			

台東廳　男 1,948　女 1,810

台東支	175	126	里壠支	856	792
新港支	856	861	大武支	61	31

花蓮港廳　男 3,166　女 3,141

花蓮支	487	444	鳳林支	376	348
玉里支	2248	2307	研海支	55	42

澎湖廳　男 0　女 0

馬公支	0	0	望安支	0	0

閣下是否原住民？
自我檢查就知道：

【風俗】平埔族婚禮，母舅坐大位、檳榔送禮、多數招贅。你家或你
　　　　的祖先有沒有這些風俗？

【祭祀】平埔族拜壺、拜花瓶、殺豬公謝神、神輿過火、拜地基主。

【地緣】世居台灣者當然是原住民。而唐山過台灣者，有唐山公無唐
　　　　山媽，必須娶台灣媽，其第 1 代血統各半，第 2 代再娶台灣
　　　　媽，台灣血統增為 3/4，第 3 代增為 7/8，到第 3 代已是十足
　　　　的原住民血統，來台越久，台灣血統成分越高。台灣人都知
　　　　道，祖先在台最少都有 4、5 代以上，所以，不管是移民或
　　　　是原住民，血統上非平埔族或高山族為何？

【造型】(1) 祖先顯影：你、父母、公媽、祖媽及此四代之兄弟姊妹，
　　　　　　若有一人像山地原住民，則說明了你有原住民血統。
　　　　(2) 荷蘭烙印：捲髮、紅毛、勾鼻、戽斗、凹齒、超高、濁
　　　　　　目或皮膚雪白是西洋人特徵，有這些特徵，就顯示有原
　　　　　　住民血統，因荷蘭、西班牙、法國人隻身來台，娶原住
　　　　　　民的緣故。

【膚色】你或父母的兄弟姊妹，膚色若白肉底和黑肉底都有，立即可
　　　　知你是混血或純原住民，因為純閩客只有一種膚色而原住民
　　　　兩者都有。同理，你的同學、同事、親戚、朋友、鄰居，所
　　　　有自稱閩客者，若白肉底和黑肉底都有，就知道他們根本不
　　　　是真閩客。

【戶籍】去戶政機關，若可申請得到日治時期的戶籍謄本者，應該就是
　　　　原住民了。因為，根據滿清奏摺及台灣府志，台灣戶籍所記皆
　　　　為原住民。閩客戶籍在中國。而日本接收台灣之後，以滿清之
　　　　台灣戶口建立戶籍制度，中國人另設登記簿登記，不在台灣戶
　　　　籍之內。詳見《台灣血統真相地圖》鐵證如山第 (6) 項。

第廿二章

台灣各族故意不認祖先之例

　　田野調查發現，很多台灣人心裏明白自己是原住民後代，卻故意不認祖，當被問起有沒有原住民血統時，都會很心虛地加以否認，甚至以假造的族譜、錯誤的日據時代戶口謄本、錯誤的神主牌（公媽牌），來證明自己是漢人，其實是假漢人。

例一、凱達格蘭族

　　某氏日據時的「土地申告書」記載著收取「番租」，表示是原住民。而在「氏名欄」明明記著是「某社頭目」，可是他的堂兄日據時的戶口謄本記載是「廣」，亦即廣東客家人。族譜、神主牌當然也照戶口謄本去製作了，這一來，做為客家人的證件齊全。

　　在外人不知內情的情形下，很多台灣人拿出

族譜、神主牌、日據時的戶口謄本，堅稱自己是漢人，騙人也騙自己。本文所舉這個例子，是因為「土地申告書」明白記載祖先當過頭目，所以現在還有案可查，真相還可以大白於世。然而，一個番社通常只有 1 個或兩個頭目而已，社番有數百名或數千名，他們都無案可稽。台灣人祖先 99％沒當過頭目，沒有留下記錄，明知其為番，卻苦無證據證明他們是番。不過，連社番頭目的後代都漢化得不認祖先了，小番的後代會認嗎？根本不可能。

例二、道卡斯族

這一個例子有關神主牌誤導，日久可能導致道卡斯族失去歷史記憶。苗栗後龍新港社（道卡斯族）頭目家的神主牌上記載清初降清賜姓劉，所以神主牌上的堂號是「彭城」，意即這家人的原籍是中國彭城，不是苗栗後龍。還好這個神主牌是客家式的，上面記了被賜姓的事實，比較不可能誤導。若照和佬人做神主牌的款式，只有「彭城」，還有「劉氏歷代祖先之神位」而已，不提賜姓之事，日

久，子孫必以為是來自中國。據說這家人講和佬話，但為何會有客式神主牌？不知他們自認是道卡斯族、和佬人、還是客家人？其世系如下：（取自湯慧敏〈再見道卡斯〉）

1世：加芭（後龍新港社頭目，鄭時歸順）
2世：貓老尉（清初再歸順，賜姓劉）
3世：道生、速生、進生
4世：阿貴、什班、天來
5世：貓六、阿二、知英
6世：鳥毛、阿保、金順、登春、登壽、登年
7世：添興（？）
8世：連震（1889年生）、連旺

例三、西拉雅族

此則有關族譜。是西拉雅族新港社李姓頭目的故事。這個李姓族譜是簡譜，其所記祖先來源如下：「祖先相傳來自江蘇省新港府，乘漁舟過海漂流至現高雄白沙崙地方，轉台南府居㭉仔林，後轉新港即現在新市鄉……。」而其祖先的墓碑（1874年）亦刻著「新港」。據《教會史話》作者賴永祥

調查，中國的江蘇省並無新港府，族譜上的「新港」應是西拉雅平埔族新港社的「新港」，而這個李家是該社的頭人。最近這個李姓的家族有人告訴作者李家的事，根據其描述，李家應是平埔族無誤。

奇怪的是，1874 年時尚知自己是台南新市新港社平埔族，爲何 1979 年寫族譜時，就把祖籍誤認爲是中國江蘇，而且編了不實的渡台傳說？實在百思不得其解。

台灣人的族譜很多都是這個樣子，有族譜的人，認眞檢查其眞僞吧！

例四、拍瀑拉族

原籍台中大肚、現居加拿大的某先生，在一個聚會中，作者根據他所告訴我的個人資料，斷定他是大肚社拍瀑拉平埔族的後代，但他怎麼說都不相信。對於台灣人是台灣血統的事實，他起初不但不接受，而且很排斥，既不聽說明、也不聽演講。他斬釘截鐵地說，他家族譜記錄得很清楚，他們是福建漳州人，並立即打電話回家，要他牽手開一個多

鐘頭的車子，把他家族譜送過來以證明其言不虛。族譜送到之後，上面寫著，祖先原居福建漳州府漳浦東門外某巷。坐在他身旁的一位先生看了後說，他家族譜寫的也和這本完全一樣，也是祖居福建漳州府漳浦東門外某巷，目前他們移民在加拿大做鄰居，難道幾百年前在福建漳埔也是鄰居？可是這位鄰座的先生世居台北內湖，姓也不同。至此，原籍台中大肚的先生才恍然大悟，被族譜騙了。

例五、貓霧捒族

出身彰化鹿港的某要人家的漢族譜曾經展覽過，他也說他是中國人，可是從未說過是馬芝遴社貓霧捒平埔族人。所以連作者也相信他是純種和佬人。有一天我去拜訪他弟弟，言談間，他順便問及我的研究內容，談到台灣人的血統，他馬上說他有番仔媽，她的墓很大，但他祖父的墓很小，兩座墓離不遠，但不注意找，會找不到阿公的墓。原來平埔族很多是母系社會，女性掌權，男子招贅，在家中沒有地位。要離婚，只須把先生的個人家當——

草蓆、鐮刀、煙斗等，用草蓆包好，丟在門口，等他工作回來，進門時看到這包袱，就會識趣地揀起來離去，永不回頭。

例六、排灣族

前屏東縣長的家族告訴本人他們有「加禮媽」，亦即排灣族祖母，但他不敢告訴子女，雖然他們都已成家立業，仍怕子女知道了會產生自卑感。根據田野調查發現，因恐孩子產生自卑感，不讓孩子知道自己有原住民血統的事實，是很普遍的現象。

例七、排灣族

家住屏東六堆的來「客家人」起先以為自己是純粹的中原漢人，並拿出神主牌來證明。結果從第一代的女祖先看起，姓是冠漢姓，但未出嫁前姓名為「甲禮婆」，也就是「加禮婆」，是屏東人對排灣族女士的俗稱。

例八、李登輝、王永慶、林洋港

據報導，李登輝的14世祖李崇文於乾隆25年離開福建永定，在八里上岸。林洋港的13世祖林天來，估計於乾隆15年時從福建龍溪來南投草屯落腳。王永慶則是高祖母在道光年帶著媳婦，從福建泉州來到新店直潭，經營茶葉。意即，他們的祖先從福建來，可是都隱諱不說他們的原住民血統。以上述「落腳」地點的地緣關係，和他們及兄弟的外貌來判斷，李登輝有凱達格蘭和荷、西血統，林洋港有泰雅族和布農族血統，王永慶則屬泰雅族和雷朗族混血，不知正確否？

例九、「台灣各姓淵源研究學會」

理事長林瑤棋先生在民眾日報投稿，題目為「平地人真的有二千萬原住民嗎」，係針對拙文「正告美國，台灣人不是中國人」一文所言「台灣原住民有兩千萬」的真實性提出反駁，並以為這是政治糾纏學術，應該學術回歸學術。其實不止林先生，很多人也都不相信台灣原住民有這麼多。這要歸功於中國的奴化教育，使台灣人服服貼貼地認賊作父。

台灣人實在有必要仔細追查眞相，而不是對眞正的學術抱著懷疑的眼光，只要人家說的和他不一樣，就把學術扣上政治的帽子，企圖否定台灣人不是中國人的事實。下面這一篇是回答林瑤琪的文章，篇名「台灣原住民有兩千萬」，和登在民衆日報的大同小異。

　　林先生說他看過台灣的中國族譜千種，本人也一樣對這些族譜有認識，此事在上述拙文亦有提及。但若只看到台灣族譜和中國族譜可以接得起來，就以爲台灣血統來自中國，則未免太不小心了。林先生承認台灣人曾被賜姓，若依賜姓給族譜，而族譜從中國來，則兩種族譜當然可以銜接。本人瞭解上述陷阱，因此把這些族譜有系統分類，從「編印時間」來檢查其可靠性，從「來台祖」來台的時間來印證史實，結果發現矛盾百出，才知道台灣現有族譜不正確，被接到中國族譜的可能性高達98％！單看台、中族譜能否銜接，查不出眞相。檢驗

族譜真假最好的方法是，到閩粵去找賜姓時編印的原始族譜（蔣據時期編印的不可靠），若上面有台灣這一房，表示「男祖先」確從中國來，否則便是原住民被賜姓。但即使族譜是真的，「有唐山公無唐山媽」是常識，娶台灣媽之後，混血第一代的血統「漢」「番」各半。在清據各時期，唐山公都只佔全台人口比例的 5％以下，第二代以後必也得娶台灣媽，因此第二代的血統為「番」3「漢」1，第三代為「番」7「漢」1，依此類推，「漢」血統越來越少，所以除了姓氏屬「漢」之外，血統及生理現象都屬「番」，不是原住民為何？欲知詳情，請看拙著《台灣常識》，裏面有很大的篇幅舉證說明，兩千萬原住民變成閩客的原因和經過，短短專欄無法暢言。

另外，林先生說，本人未提出文獻證明雍正 8 年原住民有上百萬人歸順滿清，有誇大之嫌，不足採信。並且說文獻沒有記載。而他也估計，當時若有百萬人歸順，現在的台灣人口

應是 5 千萬，不是 2180 萬。亦即當時若有原住民 40 萬，現在有兩千萬原住民就是正確的。

在此要說明，專欄不是研究報告，作者既已點出雍正 8 年等等，當然就表示有文獻依據，那是 5 月 24 日南澳總兵許良彬的奏摺，去故宮博物院努力找，不會找不到，奏摺上說：「台灣番社新舊歸化內附戶口不下貳、參萬社，每社男婦老幼多至壹、貳百人，少亦不外數十眾。」依此奏摺，即使「每社男婦老幼數十眾」，以最少的 30 人計算，貳萬社就有 60 萬人，若依林先生所說，當時若有原住民百萬，現在應有 5 千萬的比例來算，現在應有原住民 3 千萬，可見林先生算法不正確。比較正確的是，根據「台灣人口成長模型 1624～1995」（見前述《台灣常識》）來估計，當時台灣的總人口已有 100 多萬，且大部分都已歸順滿清，若以歸順者百萬人計算，到現在約有 1,700 多萬，加上未歸順者及被融入台灣血統的中國血統，大約有 2,000 萬左右，沒有矛盾的地方。

第廿三章

台灣族譜如何被接到中國族譜？

蕭家是世居桃園宵裡的凱達格蘭平埔族，但因乾隆時就被賜漢姓、改漢名、改母語，不講凱達格蘭話，改講客家話，屬於四縣腔。1960年代新做族譜，蔣介石就根據蕭家的姓和所使用的四縣腔客家話，替他們尋根製作族譜。由於蕭家姓蕭，講四縣腔客家話，所以祖先必然來自廣東梅縣。在廣東梅縣，蕭家的開山祖為蕭槐，所以，桃園宵裡的蕭家祖先就被指定為蕭槐。再根據中國早已做好的各姓族譜，梅縣蕭家就接到蕭槐世系，然後往上逆溯，如此，桃園宵裡的凱達格蘭平埔族不但來自梅縣，和漢初三傑的蕭何也有親戚關係，而黃帝是其祖先。詳情如下：

《台灣區姓氏堂號考》，1979年台灣文獻會楊緒賢編撰，林洋港、李登輝題字。上面這樣寫

著：

「蕭氏發源於蘇北，漢初，蕭何徙關中，遂
開『天水』一派。七傳至蕭望之，官太傅，世居蘭
陵（今山東嶧縣），遂以蘭陵為蕭氏郡號。

五胡亂華，中原士族多隨晉室南渡，南朝齊、
梁，蕭氏兩朝稱帝，故江南皆齊、梁蕭氏諸王所分
佈。梁武帝蕭衍生統，數傳至曦，於唐僖宗中和元
年入閩。蕭處仁遷南安；蕭本徙安溪；蕭茂分支安
溪芹山；蕭造端遷金門；蕭直軒開基晉江。蕭岑傳
至覺，於五代時入江西泰和，子蕭茂貞遷瀘源，傳
至蕭理，再遷南溪；蕭理子梅軒、松軒；梅軒長子
松之曾孫蕭淳遷廣東大埔開基；次子槐徙梅縣開基；
四子蕭柏徙饒平，其後有分居陸豐者。」

由於蕭家假族譜在 1960 年代就做好，等到
1979 年楊緒賢編《台灣區姓氏堂號考》時，把蕭
家假族譜用上了，楊緒賢在書上說：

「蕭氏族人渡海來台者，派別列述如下：來
自廣東嘉應州者有梅縣蕭槐派下，乾隆初、中葉，
蕭維天入墾屏東市；蕭那英入墾今八德。」

蕭那英，原名知母六，是第一個被漢化的桃園
宵裡社凱達格蘭平埔族頭目，漢化後改名爲蕭那
英。想不到第一個漢化祖竟然成爲來台祖、開山
祖，這不是楊緒賢的錯，而是中國人手段太兇殘，
連學者都騙過了，普通人豈有不上當之理？

　　台灣族譜被接到中國族譜的另一推手是「漢
學仙」。清據時，台灣人大多不識字，閩客也相同，
寫族譜只有依賴通曉漢文的「漢學仙」。遭受漢族
文化毒化的台灣「漢學仙」，認爲唐山是世界的中
心，是人類的起源地，台灣人雖和閩客不同血統，
但在他們眼中並無不同，都是來自唐山。因此，請
他們代寫族譜，就是拜託「漢學仙」把台灣族譜和
閩客族譜接起來，年代接得越長，表示「漢學仙」
的學問越淵博，代價也越高。這和當時的算命仙、
訟師的收費情形相同。

　　「漢學仙」不但把別人的族譜「亂點鴛鴦
譜」，他們自己家族的也一樣。若碰到「半桶師」
的「漢學仙」更糟糕。作者看過漢學底子不錯的「漢
學仙」，明明是平埔族，卻想盡辦法要把他們自己

的族譜接到中國族譜上去，其中雖有交代不清楚的地方，還是憑想像力硬接上去了，後世不察，以為有族群就證明了自己是和佬或客家。台灣人應該檢查族譜看看是否正確，因為族譜大都有問題。

第廿四章

來台祖其實是番族中第一個被漢化的祖先

　　揭穿「來台祖」就是「漢化祖」的秘密之後，台灣族譜上的血統問題就迎刃而解了。目前在台灣找到的族譜 129 姓，其中「來台祖」在康熙以前來台的佔 9%，雍正時佔 7%，乾隆 59%，嘉慶 12%，道光 9%，咸豐、同治 3%，光緒 1%（見下表）。也就是說，台灣人在康熙時被漢化者就佔 9%，乾隆時最多，59%，光緒時絕大部分都已漢化，所以這時才漢化的最少，只有 1%。漢化的時間可從賜姓、番社歸化、台灣地力、社教對象等時間上的吻合看出來。

　　1. 社教對象：康熙、雍正時，全台皆番，乾隆時為民、番，嘉慶之後，社教對象多為民，由「番」變「民、番」、「民」。顯見台灣人在嘉慶

之前多已漢化、改用漢姓名，故族譜上顯示了康雍乾 3 朝「來台祖」最多，總共佔 75%（＝ 9%＋ 7%＋ 59%）。

2. **番社歸化**：康熙時有 46 社，雍正時 2、3 萬社，百萬人。之後陸續有番社歸化，歸化之後就是漢化。歸化只是繳稅、接受保護，但漢化必須薙髮、著漢服、講閩客語、棄社為庄。

3. **賜姓**：康熙、雍正時尚無賜姓的記載，冠不冠漢姓可由台灣人自由選擇，乾隆 23 年時，西部平埔族尚未冠漢姓者，全面賜姓，所以乾隆時的「來台祖」最多，高達 59%。

4. **台灣地力**：康熙時豐饒，雍正時漸磽，乾隆時全台開發完畢，土地已不像康熙時肥沃，生產量降低，無法養活全家，因此不少人把不具生產力的女嬰溺死，以節省糧食。1748 年（乾隆 13 年）至 1751 年間，彰化知縣蘇渭生見此慘絕人寰的社會現象，曾奏請設立育嬰堂。可見，在乾隆 13 年之前，台灣的生活困難，不像康熙、雍正時富裕，但這時的「來台祖」卻有 59%，完全不合常理。故，

所謂的「來台祖」都是像桃園宵裡社的「知母六」一樣，是第1代的「漢化祖」。

◎台灣 129 姓族譜上的「來台祖」就是「漢化祖」

來台祖		賜姓	漢化	台灣地力	社教對象
康熙	9%	自選	46 社	豐饒	番
雍正	7%	自選	2 萬社	漸磽	番
乾隆	59%	✔	✔	溺嬰	民番
嘉慶	12%		✔	溺嬰	民
道光	9%	☑	✔	溺嬰	民
咸同	3%		✔	溺嬰	民
光緒	1%	☑	✔	溺嬰	民

註：☑為山地賜姓

你想認清你的身世嗎？
認真尋根就會找到。

第廿五章

為何台灣做的族譜
也把台灣人變成中國人？

　　族譜的目的在提供比較可靠的資料給使用者，
但經上述分析，台灣的族譜不但沒有正確的資料，
反而提供偽造的資料，企圖誤導，目的在把台灣人
變成中國人。其背後的主導者是誰？分析台灣族譜
的修譜時間就可得到答案。

　　根據王世慶的「台灣公私收藏族譜目錄」，
1,218 件現有族譜及 93 件功德榜之中：

　　蔣介石在 1951 年後編印的有 835 件（佔 63.7%）。

　　乾隆 23 年賜姓以前編印的只有 22 件（佔 1.6%）。

　　可見台灣人的族譜，至少 98.4% 可疑，明細
如下：

修譜時期	件數	%	可靠性
明	7	0.5%	高
清據			
康熙	6	0.5%	低
雍正	4	0.3%	低
乾隆 23 年前	5	0.4%	低
乾隆 23 年後	124	10.2%	劣
日據	206	16.9%	劣
1951 年後	791	65.0%	無
其他	75	6.2%	劣
總共（129 姓）1,218			

註：日本人也把漢化的原住民當做閩、客，故日據時所修的
漢族譜也不實。

第廿六章

滿清把社番改為民戶，
日本再把民戶變成閩客

　　台灣每改朝換代，台灣人的身份就被「升級」一次。荷蘭稱台灣降民為土番，移交鄭成功後為「民番」；清據後為「土番」、「社番」、「民戶」，不降者為「生番」；日據後為「福」、「廣」、「番」、「熟」、「高」、「生番」。中華民國佔據後，未經合法手續就把台灣人的國籍一律改為中國。

　　日據時的戶籍謄本種族欄（見下圖）中，「福」代表和佬，「廣」代表客家，「熟」代表平埔族，「高」代表高山族，「夕」是泰雅。但「福」、「廣」都錯誤，因為，清時「熟」或「高」在戶政上多被改為「民戶」，亦即漢人的意思，而他們向日本政府也申報為和佬或客家。日本政府以訛傳訛，宣佈台灣人來自福建、廣東，間接造成台灣今日莫大的

國際困境。

慰	刺	具	不	族	稱
	刺			ソ	

熱	刺	具	不	族	稱
	剌			高	

足	絕		阿片	族	相
			阿	熱	

足	絕	吸食	阿片	族	種
	纏			福	

足	刺		阿片	族	稱
				熱	

足	纏			族	種
				廣	

註：「阿」是鴉片，「纏」表纏足，「刺」表刺青，以上影
　　印自日據時的戶口謄本。

第廿七章

如何尋找台灣人的根

你是否原住民的簡易檢驗法

地緣：若清據時就世居台灣，一定有原住民血統。因為古時交通不便，人民活動範圍小，結婚對象大多是同村或隔壁，越古早，結婚對象的距離越近。從文獻得知，當時住民都是原住民，間有少數外來統治者，但都為男性，所謂「有荷蘭公無荷蘭媽」，「有唐山公無唐山媽」，所以，只要清據時（1895 年以前）祖先就世居台灣的，這個人就應該會有原住民血統。

造型：

（1）祖先顯影：你、父母、公媽、祖媽及此四代之兄弟姊妹，有一人像原住民──顴骨、眉骨高聳，下巴呈圓形而非雞蛋形，則你必有原住民血統。

（2）荷蘭烙印：或捲髮、紅毛、勾鼻、扈斗、凹齒，就顯示有平埔或山胞血統。因爲荷蘭公單身來台，娶的是原住民。

風俗：平埔族婚禮是母舅坐大位、檳榔爲禮。你家沒有這種風俗嗎？

祭祀：拜壺、拜花瓶、殺豬公謝神、神輿過火。這些屬平埔族特有，你在老家沒看過嗎？

◎荷蘭征服台灣也征服女性

荷蘭血統遍及全台，因爲西洋人中，佔據全台灣最久的是荷蘭人，計 38 年。西班牙僅佔據台灣北部，而且只 10 幾年，法國佔據基隆時間更短，在台灣留下的血統沒有荷蘭人普遍。日本據台 50 年，當然也留下血統，其特徵爲單眼皮，但因同是遠東人種，外貌不如西洋人容易辨認，在此僅介紹荷蘭人在台灣各地的活動，其活動區可能就是血統的播種區：

屏東： 1635 年入萬丹、林邊，再入恆春。以里港爲行政中心。

高雄：1624 年後入岡山、大樹姑婆寮。在路竹開墾王田。開闢打狗港通印尼爪哇的航線，旗津有紅毛港之稱。

　　台南：1624 年入安平、赤崁，再入麻豆、佳里、善化、新市、新化，連後壁、將軍、西港、永康等 11 處開闢爲王田。赤崁、麻豆、佳里是行政中心。

　　嘉義：1639 年入嘉義市建王田、蘭井、蘭潭。在東石建青峰闕砲台。以民雄爲行政中心。

　　雲林：1641 年入北港，在大埤建紅毛埤。以虎尾爲行政中心。

　　南投：1656 年荷蘭戶口表就有「北投社」－草屯，顯示地處山區的草屯也在勢力範圍內。

　　彰化：在八卦山挖紅毛井。彰化市爲行政中心。

　　台中：烏日、大肚有「王田」地名，顯見荷蘭人也在此開墾。

　　苗栗：相傳 1762 年荷蘭後裔潘大猷在鯉魚潭建番仔城。

　　新竹：1646 年入新豐，今尚有紅毛港、紅毛

田之名。竹北紅毛田屬西班牙。

桃園：在觀音建有紅毛堡。

台北： 1626 年西班牙入淡水、三貂角、台北，1642 年荷蘭驅逐西班牙取而代之。

基隆： 1626 年西班牙由和平島入基隆。1642 年被荷蘭取代。

宜蘭： 1632 年西班牙入蘇澳再入宜蘭。1642 年被荷蘭取代。

花蓮： 1642 年入花蓮港。

台東： 1642 年入卑南。

註：荷據時的 7 大行政區：蕭壠（佳里）、麻豆、赤崁、華武壠（虎尾）、打貓（民雄）、搭樓（里港）、阿束（彰化市）。取自施添福《高雄縣聚落發展史》所引周學普 1957 年資料。

第廿八章

血統檢驗否定客語群是漢人
——以屏東為例

雖然看到的都是「番」，屏東有自己的文化。

　　有人說，不管走在台北或屏東的街上，看到的都是「番」，可是一問他們，大都認為自己是和佬或客家。到底真相如何？

　　想要弄清楚，研究屏東的歷史就可瞭解，而研究屏東的歷史必須從排灣族和客語群開始。因客家人最早聚集屏東，而排灣族是老屏東，加上平埔族、和佬人，屏東各族的活動就是台灣各族活動的縮影。

　　先談排灣族和平埔族。

　　依田調，潘立夫把排灣文明分為 4 個階段，從 18,000 年前的南島文化原形期開始，經過 Adidan 俗民文化期，1,100 年前進入 Mamazangilan 文化

期，1,000 年前形成部落文化期。

　　所謂的「南島文化原形」，主要在強調認知先有靈後有肉體，因此排灣族及南島民族都是靈的崇拜，非遠古祖先的崇拜——例如漢族崇拜黃帝。所以排灣族沒有黃帝。

　　排灣族在「南島文化原形期」徘徊了萬年之後，進化到了 Adidan 俗民文化期。Adidan 是俗民的意思，用現代的政治語言來說，就是平民，組織鬆散，可能是家團或聚落。1,100 年前開始有裁決者，排灣語稱為 Mamazangilan Vusan。有了裁決者，緊接著形成部落，北大武地區首先實行，約 700 年前才遍及南大武地區。

Vusan 制度是屏東文化之根，Vusan 就是根的意思。

　　以上是排灣文明 18,000 年來的歷史梗概，貫串這 18,000 年歷史的是 Vusan 的概念，Vusan 是種子或基礎的意思。在這個概念下，每家的頭胎子女，不管男女，就是家及家產的繼承者，非繼承者

必須另謀生路。山上若無空間，就須下山。所以，排灣族的土地不會增加，也不會減少。他們不奪別人土地，也不容許土地被奪。一旦有人冒犯其土地，懲罰很嚴厲，就是砍頭。外來的閩客卻稱之為出草，說是野蠻的行為。

Vusan 制度使排灣族的土地不會增加，也不會減少。

在 Vusan 的制度下，唯有頭胎子女才能繼承家產，但山上可耕地不多，偏偏每家的子女並非只有一個，所以，當山上可耕地被佔耕之後，唯一的生路只有下山，因為屏東平原當時仍麋鹿成群，可耕可獵，和山上一樣。所以，可能在幾千年前，排灣族就有人下山，佔有當時面積還不大的屏東平原，600 年前，屏東平原較幾千年前大了好幾倍，但據本人研究，全部都是排灣族的生活範圍。直到平埔族從高雄越過淡水溪來到屏東，兩族融合，才造成今日的文明。

平埔族去南洋避寒，水暖之後又被流回台灣。

平埔族屬南島民族，據學者研究，係台灣原住民。在冰河時期，為避寒，從台灣南下赤道附近地區，之後冰融，5、6千年來，由南洋順著北上洋流，有的飄至小琉球，有的飄至琉球的八重山群島。由小琉球上岸者，部分轉到台南、高雄。

屏東平埔族遊子還鄉，回來和排灣族混血。

在高雄登陸者，繁衍至屏東。280年前的〈番俗六考〉證實此事：「新港、蕭壠、麻豆各番，昔住小琉球，後遷於台南。」當然，「各番」也有遷高雄的，部分由高雄移居屏東。

公元 1897 年，平埔族下淡水社頭目潘乾坤在內埔鄉的老埤向伊能嘉矩口述證實此事。他說，屏東各平埔社係來自左營，和台南平埔族同一祖先。由此可知，屏東各平埔社來自小琉球，而小琉球人可能是幾千年前的「台灣馬來種」，從南洋被洋流流走，在小琉球擱淺上岸。潘乾坤所謂的屏東各平

埔社：爲武洛社（里港遷高樹），搭樓社（里港），阿猴社（屏東），上淡水社（萬丹社皮），下淡水社（萬丹香社），放索社（林邊），力力社（崁頂），茄藤社（佳冬遷南州）。和高雄大傑顛社、打狗社也是同胞。

600 年前，平埔族從高雄越過淡水溪到屏東。

大約 600 年前，上述屏東各平埔社開始越過淡水溪來到屏東，和排灣族以物易地，並且通婚，打下今日屏東血統的基礎。1624 年荷據之前，已在各社的地點建立聚落，稱爲社。1635 年聖誕節，荷蘭攻入屏東市，擴大佔領鄰近地區。小琉球、新園、萬丹、里港、林邊、恆春等鄉也都被蹂躪。住在山上的排灣族因爲害怕，也出來投降，計：恆春地區 16 社（屬南大武群），長治、麟洛、內埔地區 8 社。

排灣分南大武、北大武，受其影響，平埔亦南北有別。

屏東人降荷之後，荷蘭人發現東港溪以南的平埔族放索社、力力社、茄藤社等，語言和溪北各社

不同，領導方式也不同。溪北的領導比較有制度，比較民主，溪南平埔則是強人政治。從潘乾坤的口述可知，屏東平埔各社幾千年前都是同一族群，可是到屏東後卻有上述語言和文化上的差易，顯然是和排灣族交易、通婚而受到影響。據瞭解，南大武和北大武的排灣族，這兩方面確有不同之處，而南大武和北大武的分界就在東港溪的源頭。由此可以證明，淡水溪以東的屏東平原，在平埔族越過淡水溪之前，的確屬於排灣族，而文化上，前者受到後者影響。

公元 1721 年的番界劃分，分開平埔和排灣。

隨著大量平埔族的移入和血統融和，在淡水溪沿岸地區，平埔族顯較排灣族為多，也比較溫順，所以，公元 1721 年滿清劃出一條界線，稱為番界，在屏東縣的番界，北從里港、鹽埔、長治、內埔、萬巒、潮州、新埤、佳冬、枋寮，南至加祿堂。以東、以南均為番界，屬於排灣族，滿清稱為傀儡番，屬生番。以西為平埔族，滿清稱為土番，

屬熟番。這條界限和 1621 年荷據前的平埔族界相比，100 年間，平埔族大約向東拓展了 10 公里。再經過 100 年，亦即 1821 年（嘉慶 26 年）左右，平埔族已經接近目前各山地鄉的鄉界，而這鄉界，可能就是 Vusan 制度下排灣族各部落固有領土的西界吧（見 1621-1721-1821-2000 年屏東族界圖）。

加禮和平埔混血所生的，就是屏東人的祖先。

平埔族向排灣族的領域拓展，並不意味著把排灣族趕到山上去，而是在原地融和，融和後的新人類，正是今日屏東在地人的祖先，但因漢化而自稱閩客，血統上不是真正的閩客。其實就血統而言，今日的和佬人以平埔族成分居多，客家人以排灣族佔大部分。閩客雖有渡海，但黑水溝凶險，10 渡 6 死。4 人登陸來台，但疾病抵抗力差，10 來 9 死，台灣人的閩客血緣異常稀薄，屏東人也一樣。

漢化把平埔和排灣變成閩客

談到漢化，歷史要從頭說起。1624 年荷人入

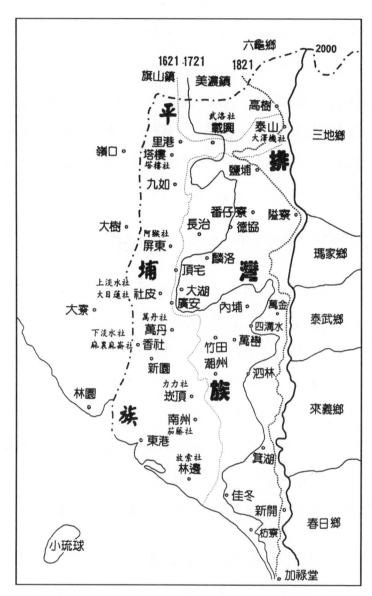

1621-1721-1821-1999 年屏東族界圖

台，1635 年攻屏東，平埔族約有 12,000 人投降荷蘭。這些順民也就是「鳳山八社土番」。隨著人口增長，1683 年時約有 2 萬多。同年，滿清打敗鄭氏入據台灣，鄭氏移交給滿清的戶口清冊中，土番只有成年男女 3,592 人，連小孩約 7,000 人。這表示，約有 13,000 人已降鄭，並且漢化為民，登記為「民戶」，就是漢人的意思。不降者稱為土番，暫時保持種族自尊，沒有背祖。但他們的子孫為了生活，無力抵抗滿清「化生番為熟番，化熟番為漢人」的政策，不久也都漢化了，戶政上，滿清把他們由「社番」升格為「民戶」，所以現在都自稱和佬人和客家人了。（詳見拙著《台灣常識》、《台灣法理獨立》、《台灣血統》等書）

談族群融和，屏東是模範縣！

平埔族東進和排灣族融和，而非將之趕到山上的另一原因，是在排灣族 Vusan 的概念下，土地不增也不減，山下的排灣族就是因為山上沒有足夠土地才下山，怎麼還可能回到山上？另外，從 100 年

前的口述歷史得知，屏東平埔族的土地取得都是以物易地，不像閩客用騙用搶。例如，平埔族和恆春龍鑾潭排灣族是以牛易地，和台東卑南族是以牛、豬、米、粟交換土地。因此，屏東平埔族和排灣族大體上和平相處，互相尊重，互相擁有對方的文化和血統。正因如此，屏東在地人的血統和文化才會那麼多樣化。

可是中國教育說台灣人非閩即客，加禮在山上！

自 1945 年以來，台灣的教育及媒體強力灌輸「和佬人」及「客家人」的祖先都從中國來。而「客家人」是中原的漢人。但根據研究，今日台灣的「和佬人」及「客家人」，其祖先只要滿清據台時期就已住在台灣的，應該都有台灣原住民血統，即使不是純原住民，也是混血種。全台灣如此，全屏東也一樣。

以台灣人口成長模型看，台灣血統屬「番」。

這個結論，最初發表於 1996 年 11 月 16 日台

灣教授協會主辦的「族群關係」學術研討會，題目爲「台灣血緣7千年之證言」。主要的研究方法爲，自創台灣歷年的人口成長模型，從1624年到1995年的371年間，以墾田甲數估計閩客人口。每甲撫養人數以3.3人計算，因爲荷據及日據時，台灣的人田比都是3.3。整個過程很複雜，在此舉最簡單的例子說明。

1811年時，台灣累計開墾田園有11萬甲，即使全數算爲閩客所墾，這時閩客總數亦僅33萬（11萬×3.3），可是當年滿清統計的台灣人口爲190萬。可見，純閩客頂多僅佔台灣人口的1/6而已。何況此11萬甲並不一定是閩客所墾，所以閩客血統必然在1/6以下。又因閩客來台多係單身，符合民間普遍流傳的「有唐山公無唐山媽」的說法，閩客血統可能低於1／12。加以經過300年的長時間通婚，閩客血統早已溶入台灣原住民血統，台灣人不是中國人，這點無須高深的學問就可理解。

從歷史及常識看，台灣血統也是「番」。

1998 年本人寫《台灣常識》，從歷史及常識的立場看台灣血統的真相，得到的結論也相同。

康熙 22 年（1683）滿州人打敗鄭氏，鄭亡之後，不分軍民或官員，全部被滿清遣回中國，大約在 1689 年處理完畢。所以，清據初期，台灣全是原住民血統，閩客血統大多是後來才移入台灣的。但移入速度很慢，以前的學者所形容的「湧入」，實在誇張。從文獻得知，康熙入台直到雍正初年（1722～1735），閩客有配偶者才 1 千多，其中配偶是原住民的也包括在內。雍正 10 年開放閩客回閩粵攜眷，直到乾隆初年停止。之後又開放兩次，到乾隆 26 年停止。前兩次，來台眷屬僅有 3 萬人左右，包括父母兄弟妻子兒女，有許多還是假造的眷屬關係，意圖逃避禁令偷渡來台，因而引起滿清注意，嚴格把關審核，所以第 3 次（1761 年止）僅兩百多人。眷屬來台遞減的事實，顯見當時的台灣已非淘金之地。而這 3 次接來的眷屬當中，女性是少數，因為

移墾社會重視勞力，估計在 6 千至 8 千人之間。

　　根據記載，閩客婦女還有嫁給原住民者。就算閩客婦女有 1 萬，全部嫁給閩客傳純種，就當時（1756 年）而言，原住民人口已有 119 萬，純閩客所佔總人口比例爲 2 萬比 119 萬，1.67% 而已。又因比例小，純閩客婚配不易，融入原住民血統的可能性增大，故台灣純血閩客實屬鳳毛麟角。有人以爲滿清在 1789 年設立官渡、廢止禁渡禁攜眷，閩客來台人數必然大增，事實不然。第一、1761 年開放攜眷，僅來兩百餘人，透露台灣非移民的天堂。第二、人口統計顯示，1811 年後的人口成長率，每年僅 0.3%，屬於自然增殖，顯示已經沒有移民。第三、1834、1838 年道光重申嚴禁偷渡，而 1874 年沈葆楨的奏摺指出：「山前一帶，雖蕃息百餘年，戶口尚未充裕，內地人民向不准逾越，近雖文法稍弛，而開禁未有明文。」所謂的廢止禁渡、禁攜眷，只是「稍弛」而已，可見到 1874 年止，滿清對解除禁渡、禁攜眷仍不放心，所以閩客血統僅爲台灣全體的幾%而已，並且已經混入原住民血

統，純種閩客應屬奢求。

水土不服，閩客很難在台灣生存。

從疾病的記載，結論也一樣，在台閩客血統稀少。閩客飄洋過海，黑水溝凶險難渡，傳聞10去6死，到了台灣，3留1回頭。這3個留下來的，也很難存活，因為對台灣的傳染病（古稱瘴氣）沒有抵抗力，10個死9個。

漢化政策扭曲了台灣的歷史和血統

台灣的傳染病以瘧疾為主，是外來民族的天敵，閩客墾民可以抗瘧的歷史記載，無異說明所謂的「閩客」實係原住民。在滿清「化生番為熟番，化熟番為漢人」的政策下，一方面開墾，一方面被漢化，漢化之後被算為閩客，在官方的戶政記錄上，從此和真正的台灣血統脫離關係，進入中國血統。所以，明明是平埔族開墾的土地，也被視為漢墾。下列各事可為佐證：

（1）康熙23年（1684）開始禁止中國人渡台：

在台無妻室產業者逐回中國。來台者須批准、不准攜眷。大量移民不可能。

（2）禁渡而又招墾，莫非對象是漢化原住民？

a. 康熙23年4月派官來台設1府3縣，致力於招徠民眾，按丁授地，照田配牛，供給耕具。

b. 康熙41年陳璸：「由內地遷徙於此者（台南附近），雲集影附，無待議招。」既是禁渡又招徠流民，而「由內地遷徙於此者」又「雲集影附」，除了漢化原住民之外，還會有誰？非原住民，如何「雲集影附」？

（3）沒有特效藥，「漢人」對瘧疾卻會產生抗體？此「漢人」非漢化原住民是誰？

a. 康熙36年（1697）郁永河：「台灣北部，人至即病，病輒死，凡隸役聞雞籠、淡水之遣，皆欷歔悲嘆，如使絕域。」

b.1714年阮蔡文：1710年設淡水防兵，生還者不及三分之一。

c. 康熙54年（1715）陳璸上奏康熙：「舊時淡水地方都到不得，有瘴氣；此時水土都好了。」

從 (a)1697 年到 (b)1710 年，才短短 13 年，從 (b) 到 (c) 才 1 年，瘧疾卻會一下子絕跡，誰相信？事實上，直到清末，瘧疾仍在台灣肆瘧，前已論及，陳璸所說的「此時水土都好了」的意思，應是淡水地方的凱達格蘭族，被漢化又參與開墾，由番所變的「閩客」才不會病死。淡水的瘴氣不變，變的是凱達格蘭族，從原住民變成了漢人。

（4）台灣非原住民所開墾，還會是誰？

康熙 60 年（1721）藍鼎元：「未 40 年而開墾流移之眾，……北至淡水、雞籠，南盡沙馬磯頭（恆春的關山），皆欣然樂郊，爭趨若鶩。」

這裏的「流移」必然是指漢化的原住民，否則以台灣瘴癘之嚴重，墾荒對沒有抵抗力的閩客而言，是死路一條。

台灣是毒惡瘴地，屏東更毒，閩客無法生存。

當年，對外來人種而言，台灣是毒惡瘴地，屏東也不例外，甚至更壞。例如上述 1697 年時，「總戎王公命某弁率百人戍下淡水（屏東），才兩

月，無一人生還。」1719 年時，「淡水巡檢司署原在東港（屏東），水土毒惡，歷任皆卒於官，甚至闔署無一生還。」1873 年日軍入侵牡丹，7 個月內日軍戰死 12 人，傷 17 人，病死 561 人。巡撫王凱泰，名爲開山撫番，實爲侵佔排灣族土地，也死在屏東。可見，直至清末，不止閩客很難在屏東的野外生存，日本人也一樣。既不能在野外生存，要開墾土地維持生活便有問題，因此屏東人若不是原住民，就毫無道理了。這可從 3 方面來說：

第 1，從原始人口資料來估計，屏東人都是原住民。屏東縣內原住民爲高山族及平埔族，各自都有悠久的歷史。但屏東的人口調查從荷蘭時代才開始有雛形，當時是由各歸順的平埔社自報，匿報的及尙未歸順的不在其內。至於高山族的人口，根據 1823 年鄧傳安的《台灣番社紀略》，1873 年丁紹儀所著的《東瀛識略》，及近代的田野調查，得知荷據初年屏東的排灣族人口約有 2 萬。魯凱族可能尙不及千人，略去。

以這些人口資料爲基礎，依據各時期不同的

人口成長率估計,目前屏東的排灣及魯凱血統應有70多萬,平埔人口30多萬,而目前的屏東人口為90多萬,加上7、8萬中國人,約有120萬,故人口外流他縣市者約2、30萬。下列各社只是部分平埔族,屬高山族的排灣和魯凱尚不包括在內(取自中研院民族所李國銘〈屏東平埔族群分類問題〉)。

	1647 年	1650 年	1655 年
麻里麻崙社(香社)	1,182	1,370	1,320
註:清時改爲下淡水社			
萬丹社(萬丹)	421	459	–
註:1655 年時可能即散居			
大目蓮社(社皮)	1,393	1,874	1,331
註:清時改爲上淡水社			
阿猴社(屏東)	820	1,060	814
力力社(崁頂)	675	834	650
加藤社(南州)	1,202	1,654	1,050
放索社(林邊)	1,465	1,599	1,251
搭樓社(里港)	2,160	1,700	
大澤機社(泰山)	900	890	
註:乾隆時漢化,由武洛社取代			

第2，從開墾的過程來看，屏東人也是原住民的成份居多。鄭時，屏東東港溪以南地區，例如潮州、萬巒、南州、枋寮等，是罪犯的流放所，因是瘴癘之鄉，人至必死，因此屏東平原堆堆白骨到處見，是閩客葬身之地。所以，當時雖有零星開發，應是漢化平埔族所為。

例如，屏東最早開發的新園鄉，《屏東縣誌》上說，是西元1664年（鄭氏入台第4年）由泉人黃上房、蕭發視、王非、鄭光殿，攜眷20人，在鄉的西北方，下淡水河邊開墾，西元1710～1740年間形成街市。事實上這些「泉人」，應是如假包換的平埔族。因為根據上述1697年的《裨海紀遊》，1710年的《重修台灣府志》，1716年的《諸羅縣志》，1719年的《鳳山縣志》等等的記述，閩客無法在屏東生存，新園鄉就是所舉水土毒惡的中心點，「泉人黃上房、蕭發視、王非、鄭光殿」不可能不是漢化的麻里麻崙社（今香社）平埔族變成的，因鄭氏部隊多為泉州人，所以漢化之後，也變為泉州人，冠漢姓。而麻里麻崙社離新園鄉的西北方很

近，開墾新園鄉西北方的這些人，應是平埔人而非泉州客。

另外，次早開發的萬丹鄉，根據石萬壽的說法，西元1696年前就已形成漢人的村落，其中的「漢人」應改成「平埔族」才對，理由和新園鄉相同，因為從上述荷蘭的戶口資料可知，萬丹鄉老早就有萬丹、大目蓮、麻里麻崙3大平埔社，在荷蘭時期就是平埔族最多的地區，又是瘴癘之鄉，形成的村落那裏會是和佬庄？

證據還很多，先舉兩例。

屏東人是原住民的證據

（1）1697年郁永河看到，「諸羅鳳山無民，所隸皆土著番人。」當時，屏東屬鳳山縣，無民，都是土著番人。

（2）1719年陳文達說，「自淡水溪以南，則漢、番雜居。」

根據縣志和石萬壽的說法，萬丹和新園在1696年就有相當的開發。再由郁、陳兩人的敘述

可知，萬丹和新園是平埔庄而非和佬庄，是平埔族漢化而成的。這個事實，從康熙中葉的屏東地圖和康熙58年（1719）《鳳山縣志》所附的屏東地圖做一比較也可瞭解。後者已經標出「新園街」、「萬丹民社」，表示新園已經完全漢化，而萬丹爲「民社」，表示仍是半番半漢（古時番字今寫爲蕃，本文則交互使用），平埔族尚末全部屈服變成漢人。

　　若還要證據，當然還有。高拱乾的《台灣府志》記載，在1691年以前，屏東所有的平埔社，亦即荷時就已存在的八大社，已不繳陸餉，繳陸餉者只有小琉球、加祿堂、恆春及卑南覓等「土番四社」，1715年時，山豬毛（三地門）10社生番歸化，他們也開始繳陸餉。顯然在1691年時，這八大平埔社很可能已經漢化（有人認爲這只是優待，無關漢化）、改用漢姓氏、接受漢族譜。依滿清的規定，漢化者經認定就是民，這個規定寫在「大清會典」，爲：「回、番（包括西藏及台灣山胞）、黎、猺、夷人等，久經向化者，皆按丁編入民數。」

　　1691年時，屏東原住民人口漸多，比荷據初

期增加了將近一倍，不加緊開墾無以糊口，因此，屏東的開發當然是從人口較多的放索社、力力社、茄藤社、下淡水社、上淡水社開始，地理上，這幾社都在屏東南部，所以屏東的開發由南而北。有人認為，屏東在 1691 年後才大量開發的原因，是因為台南府城區域漢人過多、過度開墾，才移民到屏東。這完全錯誤，完全忽略屏東本身原住民人口膨脹的事實。

清官來屏東當巡檢，最久活 5 年，短者 2 個月！

屏東人口增加，為何是原住民而非閩客？從 1764 年的《重修鳳山縣志》可知，至少在 1729 年以前，屏東遍地瘴癘、瘧疾傳染病，閩客很難生存，所以人口的增加是原住民，鄉鎮的開墾是平埔或山胞所為。實例如下：

自 1684 年起，滿清開始在新園鄉設巡檢司，45 年內派任 15 個巡檢，死了 9 個，1 個病，1 個退休，1 個害怕病死而先辭職。這死去的 9 個巡檢之中，有 1 個到任 5 年多才死，其餘的都是到任 1、

2 年就死，最短的到任才 2 個月。

另外 3 個沒死的原因是，把巡檢司遷到目前「水火同源」附近的赤山巖上，因為地勢較高，蚊子較少，比較不會被瘧疾奪命。躲在辦公室的滿清官員都如此，生活在野外草寮的閩客墾民，活命的機會必然更小。根據拙著《台灣常識》所彙集的各方說法來看，屏東的平地鄉鎮，除了高樹鄉是1737 年始墾以外，其他都在 1729 年以前，都是瘴癘嚴重的時候。屏東縣是誰開墾的，大家應該心裏有數。

可是，不管《屏東縣誌》也好，台灣學者也好，都像中國人，老是以漳泉為中心，故意忽略平埔族才是開墾主體的事實。現代學者不查，遂以為屏東縣是閩客所墾，屏東人的祖先來自漳州、泉州或嘉應州，誤導民眾。

「客家人」真的是中原漢人嗎？

屏東「和佬人」的血統真相，有如上述，「客家人」的血統又如何呢？我們先從他們來屏東時的

身份研究起。

第 1 種說法，身份是流民。1688 年左右，先在台南東門外種菜，因無地可墾，才搭船出海從東港溪進入屏東，在萬丹的濫庄落腳，最先開墾竹田，然後麟洛、內埔、長治、萬巒、新埤、佳冬等6 個鄉，因朱一貴起義，為了自衛，和高樹、美濃形成六堆。

第 2 種說法，身份是軍人。滿清據台的續遣部隊，約百名，先在台南東門屯田，後轉阿公店，1692 年解甲，被安置於萬丹濫庄開墾，以後的發展同第 1 種說法。

這兩種說法的歷史真實性相當可疑。

先談第 2 種說法的破綻。（1）查考滿清官方文件，1692 年以前，台灣兵大多接收鄭軍投誠者充當，就地取材，遠從梅縣、蕉嶺客家原鄉招募而來，大可不必。屯田的可能性更小。因為滿清在台屯田始於乾隆 49 年（1784），是為酬庸隨兵平定林爽文的平埔族「義民」，除非客家人也是平埔族而時間提早 100 年。（2）還有，阿公店（岡山）是街

不是兵站。兵站設在大岡山，1692 年可能還未設，即使已設，大岡山兵站的士兵只有 7 名，而路竹 8 名、大湖 6 名，並沒有傳說的 100 名。（3）另外，「客家人」傳說中的開基地萬丹濫庄，離下淡水巡檢司署不遠，1710 年周元文《重修台灣府志》記這個署的所在「水土毒惡，歷任皆卒於官，甚至闔署無一生還，後官於此者，暫駐興隆莊（今之左營）；後因之。」可見，若是真正的客家人，到得了萬丹濫庄，也活不久，即使活得了，可能沒幾個。

其次談第 1 種說法的破綻。若是無地可墾，「客家人」可以去麻豆、佳里，因當時（1684 年）還在台南府城的諸羅縣令季麒光，以及後來的台廈道高拱乾，都努力招募墾民。季麒光甚至建議「按丁授地，並將偽遺生熟牛隻照田給配」的優待辦法。在這種情形下，「客家人」會放棄優待、捨近求遠，而且冒著被排灣族砍頭及瘴癘的危險，深入生番地界討生活嗎？實在有違常理，除非是逃犯，故意躲入番界，天高皇帝遠。但若是逃犯，就不是單純的移民了。

有關清據時期來台客家人的文獻記載

以上討論的是屏東「客家人」對本身來源的自述，接著我們來看看當時滿清官方對客家人的觀感：

（1）據 1717 年的《諸羅縣志》記載：

a.「佃田者，多內地依山之獷悍無賴下貧觸法亡命，潮人尤多，厥名曰客；多者千人，少亦數百，號曰客庄。朋比齊力，而自護小故，輒譁然以起，毆而殺人，毀匿其尸。」

b.「我朝置縣，流移者踵相接，多莫知所自；乃漸有非商非農潛竄里社，不務正業，張空拳思攫金以西者。」

c.「流移人多，乃漸有鼠竊為盜者。及客庄盛，盜益滋。」

d.「各庄佃丁，山客 10 居 7、8，靡有室家，漳、泉稱之曰客仔。客稱莊主，曰頭家。頭家始藉其力以墾草地，招而來之。漸乃引伴呼朋，連千累百，飢來飽去，行兇竊盜。」

e.「初，台人以客莊盛，盜漸多，各鑄鐵烙牛，以其字爲號，便於識別。盜得牛，更鑄鐵，取字之相似者覆以亂之。牛入客莊，即不得問。或易其牛，反縛牛主爲盜。故台屬竊盜之訟，偷牛者 10 居 7、8。」

f.「有村庄數百人而無一眷口者。蓋內地各津渡，婦女之禁既嚴，娶一婦動費百金；故庄客佃丁，稍有贏餘者復其邦族矣。或無家可歸，乃於此置室，大半皆再醮遺妾出婢也。」

結論：客子乃亡命之徒，沒有室家，潛竄里社行兇竊盜。

（2）據 1719 年的《鳳山縣志》記載：

「自淡水溪（今高屏溪）以南，則番漢雜居；而客家人猶夥，好事輕生，健訟樂鬥，所從來久矣。」

（3）據 1721 年的《台灣縣志》記載：

a.「客莊，潮人所居之莊也。北路自諸羅山（嘉義）以上，南路自淡水溪而下（屏東），類皆潮人；聚集以耕，名曰客人，故莊亦稱客莊，每莊至數百

人，少亦百餘。漳、泉之人不與焉，以其不同類也。」

b.「客人多處於南、北二路之遠方，近年以來，賃住四坊（台南府城）內者，不可勝數。房主以多稅爲利，保長以多科爲利。殊不知一人稅屋，來往不啻十數人；奸良莫辨，欲除盜源，所宜亟清者也。」

（4）1724年藍鼎元致巡視台灣御史吳達禮論「治台灣事宜書」：

「廣東饒平、程鄉（今之梅縣）、大埔、平遠等縣之人，赴台傭雇佃田者，謂之客子，每村落聚居千人或數百人，謂之客莊。客莊居民，從無眷屬。合各府、各縣數十萬之頃，則無賴遊手群萃其中，無室家宗族之係累，欲其無不逞也難矣。婦女渡台之禁既嚴，又不能驅之使去，可爲隱憂。」

（5）1728年藍鼎元「經理台灣疏」云：

「台灣素無土著，皆內地作奸逋逃之輩，群聚閭處，半閩半粵，粵民全無妻室。」

（6）1731年福建巡撫鄂彌達上奏議准：

「查明有田產生業，平日安分循良之人，情願攜眷來台入籍者，地方官申詳該管道府，查實給照，令其渡海回籍，一面移明原管地方官，查明本人眷口，填給路引，准其搬攜入台。」

（7）1732 年藍鼎元「粵中風聞台灣事論」：

「廣東潮惠人民，在台種地傭工，謂之客子，所居莊曰客莊，……，皆無妻孥，時聞強悍，……，往年渡禁稍寬，皆于歲終賣穀還粵，置產贍家；春初，又復之台，歲以爲常。」

（8）1732 年閩浙總督德沛「題議敘義民疏」：

「粵潮客民住台耕讀，急功好義，前于康熙60 年朱一貴竊發案內，……起義，……。雍正 10年，南路奸匪吳福生等謀爲不軌，義民侯心富等復行率眾 9 百餘名渡河應援，……。」

（9）1739 年閩浙總督郝玉麟奏准：

「部議准令在台流寓之民搬取家眷團聚；並經臣將應搬眷口分別題明，准部議行，將及八載。乃善政所在，即有奸民從而滋弊；或捏稱妻媳姓氏、或多報子女詭名、或通同奸棍，領出執照賄頂渡

台，等且百出。臣以爲應請再定一年之限，……，
逾限不准給照。」

（10）1746 年准閩浙總督喀爾吉善奏請定限
一年，得旨。

「在台年久，置有恆業者，往往不能棄產回
籍，應如六十七所奏，照前搬眷成例。」

（11）1760 年准福建巡撫吳士功所奏：

「除內地隻身無業之民，及並無嫡屬在台者，
一切男婦仍遵例不准過台；有犯即行查拏遞回外，
其在台有業良民果有祖父母、父母、妻妾、子女、
子婦、孫男女、及同胞兄弟在內地者，……，許回
各原籍搬接過台。」以一年爲限。結果僅 277 人過
台。

（12）1761 年閩浙總督楊廷璋奏：

「台地生聚日繁，民人無可希冀；即在台立
業之人，尚多申請回籍。」

（13）1788 年准陝甘總督將軍福康安奏：

「充當義民者，名冊在官，尤屬易于稽核：
其並無家業遊民，最易滋事，固未便無端驅逐，致

有擾累；若遇事到官，即在笞杖以下者，亦押令回籍。」「安分良民，情願攜眷來台灣者，由地方官查實給照，准其渡海。」

（14）1835 年代的客家山歌「渡台悲歌」，描述客家人 10 個有 9 個共妻，歌曰：

「所見有妻烏龜般，大聲不敢罵妻子，隨其意下任交歡，拾個丈夫九個係，只有一個不其然。」

客家人單身來台，客庄流動性很大。

由上面的文獻記載可知，客家人來屏東的真正故事，應該是「觸法亡命」之徒，以扁擔的一頭挑著包袱，唐山過台灣，上了岸，東藏西躲，因此躲入番界最安全，這是「客人多處於南、北二路之遠方（嘉義以北，屏東以南）」的理由。然後尋找頭家收留做工，有了落腳之地，便「引伴呼朋」。住了一段時期，有人開始得病死亡，遷往較早開發的台南市以避瘴癘。但客家人好客的習性不改，在台南府城租屋也一樣，一人租屋，「來往不啻十數人」，所以，客庄應該是流動的。1721 年先夥後反朱一

貴，滿清封之爲義民，官方文件隨即將「觸法亡命」改爲「住台耕讀，急功好義」，例如上述第（8）則。因此「客家人」自稱祖先是晴耕雨讀，很有文化氣息。

　　文獻記載，客家人「靡有室家」，都是單身，所以「客家」族譜寫著來台祖創業有成，就回老家把家眷帶過來，它的正確性非常可疑。因爲，當時滿清嚴禁帶眷或接眷來台，即使大官也不例外，「客家人」卻辦到了，實難置信。雍正末乾隆中曾開放 3 次接眷（配偶、父母、兄弟姊妹），前 2 次人數較多，但是發現不少冒名頂替者，大多數應是男性，準備來台撈一把就走，想落地生根者，結婚對象還是就地取材，娶番女比較方便。滿清官員有了兩次經驗，第 3 次開放接眷時，就嚴格把關，果然，只接來了 277 人，而且都是在官衙上班者的家屬。可見真正的閩客移民不多，而是「作奸逋逃之輩」，「張空拳思攫金以西者」。

　　另外，既然客家人多是「觸法亡命」，如何可能取得照單（批准文件）回廣東攜眷？回廣東辦

攜眷，正好自投羅網，如何仍可逍遙法外，大搖大擺回台灣？事實上不可能。又，滿清據台之初及其後150年，客家人單身的事實沒有改變，所以如「渡台悲歌」所流傳，10個9個共妻，後代血統不明。因此，比較客觀的推論是，小部分漏網之魚可能帶眷偷渡成功，但不可能是全部，所以屏東「客家人」是純種的說法實屬神話，接眷傳中原純種之說，更不可信。

屏東「客家人」多排灣血統

儘管文獻記載對客家人的評價是負面的，不過，1721年以前客家人就來到屏東是不爭的事實，只是不能確定人數。當時的客家人「靡有室家」，不可能留種也是事實。若有留種，也是半番半客，不是純種。又因客家人是「飢來飽去，行兇竊盜」，屬於流動性人口，不一定常住屏東。說不定「潛竄里社，不務正業」之後，「張空拳思攫金以西」得手，潛回嘉應州，或到台南市享樂、避瘟去了。所以結論是，客家人來過屏東，但不一定全部留下，

留下的也不一定留了純種根，反而是混血的排灣種比較有可能。

文獻記載既然如此，從六堆的實際地理及歷史背景來研究，「客家人」的主流血統大部分是在地的排灣族，小部分是平埔族的可能性甚高。理由如下：

第1，在1700年時，下淡水東港（今新園）乃瘴癘之鄉，非平埔族或排灣族很難生存。最有抵抗力的活5年，沒抵抗力的只能活2個月，只有1個是例外（見下表「屏東毒惡瘴地死亡統計」）。六堆地區靠近山邊，瘴癘更嚴重。上述康熙54年（1715）陳璸上奏：「舊時淡水地方都到不得，有瘴氣；此時水土都好了。」水土之所以變好，還不是因為原住民漢化變漢民，這種「漢民」當然不怕瘴氣，從坐辦公桌的人的眼光看來，當然是水土變好了。由排灣族或平埔族變成的「客家人」，生活在毒惡瘴地的六堆當然沒問題，這不就是陳璸欺騙康熙「水土變好」的屏東版嗎？

◎屏東毒惡瘴地死亡統計

下淡水巡檢司初設在下淡水東港。尋以水土毒惡，移建赤山巔（1731 年），今（1764 年）賃公館在崁頂街。

袁 玟	直隸右衛人	康熙 23 年任	2 年病卒
謝 寧	浙江會稽人	康熙 25 年任	2 年病卒
樓鴻基	浙江義烏人	康熙 27 年任	5 年病卒
高崇游	江南山陽人	康熙 33 年任	2 月病卒
孫朝聘	直隸香河人	康熙 38 年任	1 年病卒
郭培桂	直隸金鄉人	康熙 39 年任	2 年病卒
徐志弼	山東登州人	康熙 41 年任	1 年病卒
趙文秀	直隸保定人	康熙 42 年任	4 年病卒

「客家人」的原鄉是大武山，不是梅縣！

第 2，《六堆客家鄉土誌》描述清初來竹田濫庄開基的客家人，「不敢侵佔閩南人土地」、「不敢與閩南人爭」、「回原鄉邀人來台墾荒」等等，守法又願意在屏東生根的形象，和真正的客家人習慣於流浪、亡命很不一樣。

據上述 1717 年《諸羅縣志》記載，「客庄朋

比齊力，而自護小故，輒譁然以起，毆而殺人，毀匿其尸。」「及客庄盛，盜益滋。」1719 年的《鳳山縣誌》：「客人好事輕生，健訟樂鬥。」由此可知，當年客人來台，根本只想狠狠撈一票，那有落地生根的打算？

所以，由形象上來判斷，「客家人」的祖先不像是客家人。而「回原鄉邀人來台墾荒」的原鄉，從「引伴呼朋」的客家人習性來說，非常有可能，但「來台墾荒」的可能性值得懷疑，因為當時廣東也有很多荒地，真的要墾荒，不必冒死跑來台灣。相關的滿清奏摺很多，今舉一例。雍正 5 年 7 月 1 日（1737 年），阿克敦的「敬陳開墾事宜」中說，「粵東廣潮之人浮于地，高雷廉之地浮于人。」真的要墾，廣東就墾不完。更奇怪的是，1700 年「客家人」到台灣的初期，沿海地區還有許多未墾之地（見《台灣常識》第 4 章第 1 節「滿清蠶食各鄉鎮市的經過」）放著不墾，卻直接往山邊跑，進入番界，例如屏東的六堆和嘉義的大埔，逃犯的嫌疑很大。所以，「原鄉」可能是指大武山，而非梅縣、蕉嶺。因為由文

獻及田野調查得知，排灣族及平埔族才是既「引伴呼朋」又不侵佔、不盜竊的人，他們唯有在被侵入地界之時才會殺人。

客家 13 大庄 64 小庄都在番界內，血統不問可知。

第 3，1721 年時，六堆地區聚集的 13 大庄 64 小庄，絕大部分在番界之內（見屏東族界圖），古時屬於排灣族的土地，客家開基地濫庄在番界邊緣，尚屬萬丹社平埔族。依照排灣族的習慣，闖入地界就是冒犯，唯一懲罰是砍頭。沒有相當關係（例如娶排灣女子為妻），「客家人」進出番境不可能那麼方便。所以，若屏東真的有客家人，則他們必定也有排灣或平埔血統，純種客家人的機會很小。而且若是混血兒，身上排灣、平埔族的血液成分必然高過客家，既然如此，為何自稱客家，只紀念客家祖先，而不紀念排灣、平埔祖先呢？

第 4，1721 年時，六堆浮出歷史檯面，很湊巧，在六堆番界內的排灣族 10 社共 1 千多人就在

6 年前正式歸化滿清，其後還有不少番社歸化，可能他們才是屏東「客家人」的開基祖，昔日的六堆可能有眞正的廣東客家人，可是今日的六堆可能沒有。因爲經過調查，我們已經知道大多數的台灣人血統不是高山族就是平埔族，但都說祖先是從閩粵過來，沒幾個承認是原住民。台灣人被滿清譏笑爲番，譏笑了 212 年，自卑感很重，老是怕人說他是番。「客家人」有可能例外嗎？

第 5，據稱，1721 年時，六堆 13 大庄 64 小庄集合了「客家義民」1 萬 2 千人，比當時全屏東的「和佬人」壯丁還多，實在值得懷疑。依「台灣人口成長模型」估計，此時屏東的排灣族人口約 4 萬，平埔族 2 萬，若「客家義民」爲漢化排灣族，而「和佬人」爲漢化平埔族，則「客家」比「和佬」多就可說得通。

另外，當時交通不便，又有禁渡令，「客家人」居然能在 2、30 年間遷移並聚集 1 萬多人，是另一個疑問。《六堆客家鄉土誌》對此人口暴增的現象原也有懷疑，很可惜未加深究就放過。今日六堆的

客家血統，若爲上述「連千累百」的客家人所留，純種更加不可能，因爲他們「靡有室家」。

第6，所謂的六堆13大庄64小庄，在1719年出刊的《鳳山縣誌》輿圖上連一莊也沒有。不過，1724年的〈番俗雜記〉提到了大武庄、力力庄、加泵社口十幾個庄名，可能是聚落太小，府志、縣志不記。這些庄名多屬番音拼漢字，漢字無意義，因此可以推定，客家的13大庄64小庄，可能就是排灣族的番社13大社64小社。滿清奏摺提及，雍正5年排灣族殺至東勢、新東勢，雍正6年殺至竹葉，經查明原是「客家人」進入番界被殺，由此可證六堆確是位在番界之內。

滿清稱番族聚落爲「社」，由生番漢化而來的「漢人」，其聚落稱爲「庄」或「莊」或「街」，依人口多少而定。滿清既稱社番爲義民，當然應稱社爲莊或庄了。而據瞭解，1721年時，六堆地區涵蓋的排灣族的社數也差不多有77社。從這些事實來看，屏東「客家人」多數屬排灣血統，呼之欲出！

第7，《六堆客家鄉土誌》中提到，康熙時長

治「竹葉林庄」是「13大庄64小庄」的一個庄，在乾隆時叫「竹葉庄」，現在叫做德協，它在1721年番界的邊緣。可是乾隆皇輿圖上，「竹葉庄」的旁邊還有「竹葉社」，和阿猴街旁還有一個阿猴社一樣。阿猴街的「和佬人」是阿猴社漢化的平埔族，「竹葉庄」的「客家人」也是阿猴社的平埔族漢化和排灣族融和漢化變成的。在同一地圖上，其他「客家庄」的旁邊雖然沒有「社」的標示，但「竹葉庄」的一葉，就可知13大庄64小庄的血統眞相了。

屛東到處棍徒流匪乞丐，非閩客爲何？

第8，滿清數次開放接眷，有人就以此爲由，證明「客家媽」也是客家人，所以「客家人」爲純種漢人。但檢視滿清開放接眷條件爲在台有產業良民，而「客家人」大多是亡命之徒，不符條件。因此雖有數次開放接眷，「客家人」仍然單操一個，客家山歌「渡台悲歌」前四句便證明了此事 —「在家若是幹檢點，何愁不富萬萬千，台灣不是人居住，可比番鴨大海邊。」亡命之徒的求生之道非偷

即搶，白天扮流丐，晚上當小偷，全台如此，屏東也不例外，事實如下：

（1）嚴禁棍徒流匪侵擾碑記

年代：乾隆 43 年（1778）5 月

碑存：屏東縣枋寮鄉枋寮村德興宮

內容：枋寮孤懸海角，居民雜處，每有無賴棍徒潛往斯境……勾結匪類乘間為盜，賒借之遂，架詞妄控，捏名告害，難以枚舉，准街眾查寔足稟究逐。

（2）嚴禁開賭強乞窅絡碑記

年代：乾隆 47 年（1782）6 月

碑存：屏東縣里港鄉大平村雙慈宮

內容：照得阿里港街近有一種無藝之徒，聚賭釀禍；一種流丐，身無殘疾強乞圖賴；一種羅漢腳，混竊窅絡。合出示嚴禁，違者按律嚴究。

（3）禁頑保蠹差藉命索詐諭碑

年代：乾隆 48 年（1783）7 月 13 日

碑存：屏東市天后宮媽祖廟

內容：照得台地五方雜處每多游手失業或為飢驅……串謀鄉保里差謀死外來流丐將屍抬於……套出無賴棍徒冒親告命……分肥種種弊害殊堪髮指本司正在嚴拏示禁。

第9，滿清抓到偷渡來台的記錄顯示，客家人大多是單身男子，沒有女性，而和佬偷渡者尚攜有眷屬。由此可知，「客家人」從正式管道無法申請接眷，而由偷渡的管道亦少有女性，所謂「客家人」是純種漢人，實係自欺欺人。

請看「客家人」所編的中原漢人的故事

「客家人」的真正身世雖然疑問叢叢，但他們仍然以疑問更多的族譜來證明是中原漢人，堅持是純種的漢人、中華民族。田野調查報告指出，桃園龍潭有自稱是純種漢人的客語人士，受訪時曾堅決表示絕對不是番，並拿出完整的族譜和堂號證明自己是山西太原府的純種漢族客家人。經調查者看過祖宗祭拜的儀式和擺設，斷定是原住民，再從其

祖先留下的官印遺物等，證實是番，族譜、姓氏、堂號全是滿清給的，因爲當時原住民全部賜漢姓。結果這位假客家人改口說，番也是人。

是的，番也是人，輕視外族爲番是中國的固有文化，外族本身並沒有什麼不好，不要因爲怕中國人說你是番，或以爲有漢姓、族譜、堂號等，就把自己改成黃帝的子孫、中國人，企圖脫番而高人一等，若是這樣，你才是眞正的番。上述的田野調查報告，要點如下：

台灣人應拒絕做假歷史的受害者

1995 年「龍潭十股寮蕭家」──一個霄裡社家族的研究。作者張素玢說，桃園龍潭的這個蕭家，原先自稱是道地的山西太原漢族客家人，拒不承認是番，他舉出下列事實爲證：

（1）族譜記載，祖先來自山西太原，明時因黃河汜濫被沖流到台灣北部登陸，然後在桃園龍潭定居。（2）祖先牌位的供奉和客家人供奉的方式一樣。（3）否認過年祭祖有吃生豬肉的平埔族習

俗。（4）依據《台灣區姓氏堂號考》記載，是來自廣東嘉應州。（5）日據時戶籍記載為「廣」，亦即是籍貫廣東的客家人。

證據這麼齊全，可說是鐵證如山。然而還是有破綻。蕭家祖先牌位上記明曾當過「頭目」、「通事」、「屯把總」等，這些是滿清賜予熟番特有的官位。而且蕭家家族保留兩百多年的祖先用過的印信，赫然有「霄裡社頭目」的字樣。另外發現，神主牌有兩套，在公祠堂的寫「河南」，在私祠堂的寫「霄裡」，顯然「河南」是被賜的，跟著所賜之姓而來，「霄裡」才是真正的根據。因此可以確定該蕭家不是中原漢人，而是桃園凱達格蘭平埔族。只因滿清賜姓、賜族譜，而族人學的又是嘉應客語的緣故，所以「蕭」家後代自以為是客家人。台灣人滅祖的原因大致與此相同，而且都編有一套如何從中國來台灣的故事。上述蕭家的案例，以及屏東「客家人」所編的從台南遷到屏東的假歷史，都說明了認祖必須仔細，不可人云亦云，否則很容易被假歷史所騙。我們的祖先大都不識字，族譜或其他

記載必須假手他人，可靠性更加可疑。

族譜愚弄了許多和佬人、客家人！

　　有人以為上舉之例是特例，然而研究台灣現存族譜發現，族譜根本是在開玩笑。例如：1950年代蔣介石的手下就根據原住民被賜的漢姓，替這一姓的「番人」找出該姓漢族血統的族譜，做為該番的族譜。所以，常常發現漢姓相同的番，在血統上完全沒有關係，可是族譜卻相同。乾隆、道光、光緒賜姓給台灣人的時候，同時替他們製造中原族譜，所以，原住民的祖先也是來自黃河中、下游，這種幼稚又傷天害理的事，只有外來統治者做得出來。家中有族譜的「漢人」，不知不覺之中背祖忘宗。你能確定你家的族譜不是這樣來的嗎？

　　族譜的另一個破綻是，依族譜記載，閩客來台開基祖有 2/3 是在乾隆之後來的，但本人研究發現，康熙中葉，台灣「開墾年久而地磽」，雍正年間「水衝沙壓，土脈漸薄」，乾隆時「山窮樵採，澤竭網罟」，地力耗盡，生活困難，還有人把剛出

生的女嬰活活溺死以減輕生活負擔。由於謀生不易，閩客偷渡來台人數，乾隆時期已開始銳減，官方的人口統計也證實此事。顯然「來台開基祖」是被賜漢姓的原住民，不是真正的閩客。

因為根據台灣公私收藏 129 姓的族譜，台灣人的來台祖在乾隆之後來的佔了絕大部分，約84％。亦即台灣人的祖先大都是乾隆之後來台，顯然不合常理。唯一的解釋是，台灣人把「賜姓」當成「來台」，因此當今台灣人手中的族譜，也是乾隆、道光、光緒所賜，所以 84％的「來台祖」都在乾隆之後「來台」。

另外，根據王世慶的「台灣公私收藏族譜目錄初稿」所列，1,218 件現有族譜及 93 件功德榜之中，有 835 件（佔 63.7％）是 1951 年之後編印的，其被蔣介石賜姓的可能性很高。在乾隆 23 年賜姓以前編印的族譜只有 22 件，佔 1.6％，這些可靠性較高，但也可能是康熙、雍正時期歸化的原住民自冠漢姓的結果。可見台灣人手中握有的族譜，100 件之中，至少有 98 件可能是假的。所以，不管有沒有中國

族譜，2000多萬的台灣人大都是「原住民」，在屏東或在台北街上走，除了台北街頭3成的中國人之外，看到的也都是「番」。外國人也相同，1896年日本學者伊能嘉矩站在台北街頭，看不出平埔族和漢人有何不同，因為他看到的「漢人」都是漢化番。

即使族譜是真的，而你的遠祖來自閩粵，但大多只有唐山公沒有唐山媽，而且人數又少，來台祖娶番仔媽混血之後，連續幾代的混血公也大都無唐山媽，必須娶番仔媽為妻，如此，血統不屬番實在難！因為，第一代混血兒的番血為50％，第2代75％，第3代87％，第4代93％，依此類推，你有多少血液不是番的成分？但不管有93％或零％，在族譜上你永遠看不出你真實的血緣，因為漢人族譜是以男性為中心，在你家的宗譜上，只要先祖之中有一個是閩、客，或冠漢姓的番，在族譜上所顯示的就是百分之百的漢人，但血緣上你有可能是99.9％的番人的成份。就是因為這個緣故，所有的台灣人應該仔細分辨，到底是「漢」還是「番」。

中國人不一定相信族譜，台灣人卻奉之如神！

族譜不能證明血統，在台灣已是普通的常識。依照學者的研究，漢族譜的起源是在周國，目的在註明所封各姓與周天子的主從關係。秦國佔領中原之後廢除封建制度，但族譜未廢，遂成各姓社會地位的表徵，直到清初。因此有人偽造族譜以彰顯自己的出身。但蔣介石在台灣偽造的番人漢族譜，則是為了統治、掌權。台灣人不應把家中的族譜看得太認真，說不定你家的神主牌也是偽造的。最能證明你的身份的，就是血液成份，其次是地緣，不是姓，也不是族譜，千萬不要以為自己有漢姓，族譜上也密密麻麻記著一些名字，就表示你是漢人無誤。

台灣人既是假漢人，為何有和佬話和客語之分？

既然台灣人是原住民漢化而來，為何語言上有和佬和客家之分？這要回歸歷史。1661 年，鄭成功趕走荷蘭人，對平埔及山胞採高壓手段，以免稅方式鼓勵幼童入學，強迫學習和佬話及漢文，原住

民的新港語文開始沒落，和佬話中的泉州腔興起。

滿清入台，也是以經濟和減稅的手段強迫原住民漢化。由於在台清兵、教育人員、基層官吏，絕大多數爲和佬人，客家人少之又少，又多躲在偏遠的六堆地區，因此，漢化之初，和佬話就是多數語言，到現在也一樣。

爲了把台灣人徹底變成閩客，滿清於雍正 12 年始設土番社學，最多時全台 50 所，乾隆時更多。其主要對象爲平埔，山胞其次。因此平埔族漢化得很快，滿清「化生番爲熟番」的政策性目標，康熙時就達到了。接下去就是「化熟番爲漢人」（滿清術語稱「漢人」爲「民」），其主要工作是普遍設立「民」社學，使熟番及其後代繼續接受漢化教育，最後變成懂漢文，會講和佬話、客家話，卻聽不懂平埔母語的假和佬人和假客家人。「化熟番爲漢人」的工作，乾隆時大體已完成。台灣人由「生番」搖身一變而爲漢人已有 250 年，前人不交代，後人當然不知道自己原來是「番仔子」。

社學有如現在的小學，只不過社學是把平埔

和山胞變成「漢人」（見下列「屏東的民番社學」及「屏東番童漢化成果」），而現在的小學則是進一步把「漢人」變成「中國人」，如此而已。因為依照滿清的標準，生番同意歸順者就是熟番，而熟番照章繳稅、薙髮者，經過幾年就是漢人。而現在在台灣，會講北京話的「漢人」便是中國人了。

屏東「番童」漢化成果

（1722 年黃叔璥實地查訪記錄）

上淡水社：施仔洛讀至離婁：人孕礁巴加貓讀至鄭伯克段于鄢，能默寫全篇，於紙尾書「字完呈上，指日榮陞」。

下淡水社：加貓、礁加里文郎讀四書、毛詩，亦能摘錄；加貓讀至先進，礁恭讀大學。

放索社：呵里莫讀中庸。

搭樓社：山里貓老讀論語。

屏東的民番社學

番社學：1734 年（雍正 12 年）~1895 年

大餉營社、向潭社、放索社、蜜婆山社、溝仔堵、漏陂莊、舊陰寮社、舊寮社等 8 個。

民社學：1893 年調查共 84 處。

港東里（東港溪以東地區）：

過溪仔莊、崁頂街、陂內莊、九塊厝、油車莊、力力社、糞箕湖莊、崙仔莊、莊頭莊、竹仔腳、嘉早莊、新莊仔、五魁樓、林後莊、八老爺莊、四塊厝、大北旂尾、北勢寮。以上各一處。田堵厝、劉厝莊各兩處。下林仔邊、水底寮各三處。潮州街 4 處，東港街 9 處。

港西里（東港溪以西地區）：

搭樓莊、耆老莊、隆恩後莊、中崙莊、鴨母寮、九塊厝莊、磚仔地、六塊厝、歸來莊、番仔寮莊、公館莊、新陰寮莊、鹽埔莊、新圍莊、廣安莊、下蚶莊、新莊仔莊、水泉莊、瓦窯莊、仙公廟莊、新園街、五房洲、後大厝莊。以上各一處。海豐莊、社皮莊、萬丹街內，各三處。阿里港街 5 處，阿猴街 7 處。

台灣長期被漢化的結果，不問可知。滿清據

台初期的 30 年，平埔族通漳、泉語者已經很普遍。雍正末年的《台灣志略》記載，「數十年來沐聖化之涵濡，凡近邑之社，多剃頭留鬚，講官話及泉、漳鄉語，與漢相等。」經過 20 多年，到了乾隆 23 年（1758）的《台灣府志》上說：「台灣府歸化各番，諭令薙髮蓄辮，以照一道同風之盛，邇年以來，各社番眾，衣衫半如漢制，略曉漢語，肄業番童薙髮冠履，誦詩讀書，習課藝，應有司歲、科試，駸駸乎禮教之鄉矣。」原來乾隆 23 年時，平埔族及不少山胞已經變成閩客模樣，也講閩客鄉語，怪不得乾隆選在這年賜姓番族，徹底把今日台灣人的祖先改頭換面，台灣人集體背祖忘宗至少已有 240 年了。

語言最容易區別種族，也最容易滅種。佔據台灣的外來政權，除荷蘭之外，無一不充分利用語言的誤導功能，欺騙台灣人，使誤以為血統上和統治者相同，以利統治。其中最狠毒的是中華民國，以不到 50 年的時間，就使絕大多數已經忘記祖語的台灣人後代進一步忘記母語，誤認自己是中國人。

結論：只承認閩客血統，絕對是背祖忘宗！

一、從閩客角度來看，唐山過台灣不如想像容易，所以台灣的閩客血統無幾。理由如下：

（1）閩客必須躲避官方的查緝才能出海。

（2）黑水溝凶險，渡海者 10 去 6 死，3 留 1 回頭。

（3）上了岸，台灣蚊子傳播的瘧疾以及其他傳染病，閩客沒免疫力，一旦染病，10 個死 9 個。

（4）全台土地原皆「番」所有，能倖免於疾疫的閩客，開墾土地時也遭殺害，屢見不鮮。

（5）地力磽薄又無肥料，2、3 年就須另墾新地，否則無收成，而找新地只有向著番地，是再一次的生命冒險。

（6）清初台稅比中國各地貴 1 倍以上，若真的要開墾，大可他就，何苦冒死來台，又多繳 1 倍以上的稅？

（7）小結：所以來台閩客，大都是觸法逃亡的單身男性，台灣不可能有純閩客血統，閩番混血

者及純血原住民佔全體人口的比例最高。

二、從台灣原住民的角度來看，今日台灣的血統全屬原住民族，只因漢化而被人為消滅。理由如下：

（1）在滿清的暴政之下，生番的稅最重，熟番次之，漢人最輕，在「化生番為熟番，化熟番為漢人」的政策下，台灣原住民大多數在清初就由「生番」變為「漢人」了。

（2）一旦變為「漢人」，在滿清的公文書上就是「民」，後世寫史或讀史者不查，糊裡糊塗就把台灣人變成中國人了。

（3）依滿清人口資料，1683年的「民」1萬多，是漢化原住民，但都被認為是漢人，1811年時增至190萬人，人口增加迅速。這些都是原住民大量漢化的結果。但中國人對此一迅速增加的現象，卻描述為移民潮、閩客大量湧入台灣等等，十足誤導。事實上在1683年時，平埔加山胞連同上述漢化者共約71萬人，依照0.7%的低成長率計算，在1811年時也應有190萬，顯然，台灣人口

增加的原因，是原住民漢化及繁衍，不是閩客大量湧入。

　　基於以上各點，至少可以認定，老屏東人流的血液容或摻有小部分的閩客、荷蘭成分，但絕大多數屬於排灣族或西拉雅馬卡道平埔族，因此，只承認閩客血統，絕對是背祖忘宗。

現代台灣人乃原住民後裔

(1) 由歷史統計得到者：

1. **驅漢**：滿清入台後，閩客全數趕回閩粵，「祖先隨鄭成功來台，繁衍 2000 萬後代」的傳說是神話。

2. **地禁**：驅漢之後，滿清禁過番（禁入台）、禁入番（禁入番界）、禁攜眷、禁娶番，何來眾多閩客後代？

3. **海難**：閩客偷渡黑水溝，古時流傳民謠：過黑水溝「10 去 6 死，3 留 1 回頭」，來台有幾人？

4. **瘴癘**：台灣毒惡瘴地，閩客渡台十來九病，十病九死。

5. **出草**：原住民砍「漢」人頭一年千餘人，

閩客不怕死？

6. **戶政**：根據文獻，荷蘭時代（1624~1661），原住民約 50 萬。1730 年降清歸化者 60 多萬，1893 年「番」有 254 萬，依照人口成長率計算，到現在應有 2000 萬，他們如今用什麼身份住在台灣呢？

7. **漢化**：鄭成功和滿清都「化生番為熟番，化熟番為漢人」，廢台文，推行閩客語，賜姓、賜祖、賜族譜，同時，醜化台灣人為番，使很多台灣人至今都不敢承認是原住民。

※ 由歷史統計得到的證據總共 25 項，請詳讀《台灣血統》、《血統源流與國家定位》二書。

(2) 由民間傳說得到者：

有唐山公無唐山媽，混血第 1 代唐山血統 1/2，第 2 代剩下 1/4，第 3 代只有 1/8，越久越稀釋。若你有唐山公，請問閣下來台幾代了？怎麼還說是中國人？

(3) 由驗血結果得到者：

驗血報告顯示，台灣閩客和平埔族血緣最接近，和中國閩客血緣較遠，印證台灣人乃原住民。如果有更多的驗血研究，真相會更清楚。

(4) 由人體骨骼外表調查得到者：

日本學者金關丈夫自 1936 至 1949 在台灣實地調查，和佬人幾乎等於平埔族。

(5) 由平埔族社名漢化的地名及番地名得到者：

漢化地名，例如：雞籠、打狗共 110 個。番地名，例如：番社、番子寮、番子埔、番子厝、社皮、新社、舊社等，各縣市共有近萬個。

(6) 由戶籍資料得到者：

1683 年鄭氏軍民全數被滿清趕回中國，留下了 3 萬降鄭的原住民移交給滿清。1730 年（雍正 8 年）許文彬奏摺稱，陸續歸化的新舊番社至少有 60

萬人。1756 年（乾隆 21 年）喀爾吉善奏稱，歸化的台灣土著流寓及社番共 660,147 人。1783 年（乾隆 48 年）雅德奏稱，歸化的台灣土著流寓民戶有 916,863 人。1811 年（嘉慶 16 年）『福建通志台灣府』記載，台灣土著流寓民戶共 1,944,737 人。1893 年（光緒 18 年）全台人口統計共 2,545,731 人。顯示係 1811 年來的自然成長，全屬原住民殆可斷定。

1895 年（明治 28 年）日本佔據台灣，1896 年日人調查台灣人口為 2,577,104 人，顯係 1893 年來的自然成長，之後日人在台設立戶籍制度，故凡是有日治時期戶籍謄本者，應該就是原住民。

附錄 2

歷史的證據

　　公元 1624 年荷蘭入台，以羅馬字記下降荷平埔族各社的社名，如《台灣閩客尋根地圖》，至少有200多社（社是村的意思）。公元1683年滿清據台，音譯羅馬字，改以中文記下社名。《台灣閩客尋根地圖》把兩者合一，羅馬字在中文名之前，可見荷時的平埔社，到清時全數存在。公元 1925 年日本學者小川尚義來台實地調查，依照語言，把口音相同的平埔社歸類為 9 族，如《台灣血統真相地圖》所示。證明荷據時的平埔族，其後裔到了日本時代還都在，只是不認祖。

　　小川的分類，和公元 1697 年的郁永河相同。300 年前，他從台南坐牛車到淡水採硫磺，沿途所看到的平埔族群，有的黑肉底，有的白肉底，代表不同族，而各族當時的位置，和小川所劃分者相

同。可見，從 1624 年到 1925 年，整整 300 多年的時間，平埔各族後裔仍在原地生活，怎麼一下子全部失蹤了？當然不可能。

既在原地生活，戶口必有記載。依滿清戶政檔案資料顯示，再依「人口成長模型」計算，平埔族現在至少應有 1200 萬，可是都不見了！高山族也一樣，本有 800 多萬，卻只登記 40 萬。平埔族加高山族應有 2000 多萬，這剛好是台灣現在的總人口減去「外省」人口後的數字，說明了台灣人就是原住民。你聽過嗎？認真尋根就會找到！「番」，是荷鄭清日蔣等外來政權，為了永久霸佔台灣，用來侮辱台灣人祖先，使台灣人以祖先為恥，進而認賊作父的手段，「西化」、「漢化」、「皇民化」、「中國化」就是消滅台灣人的罪證。

有人問，台灣人既都是原住民，而閩客很少，少數的閩客應該會被多數的原住民同化才對，但，現在台灣人都說閩客語，有閩客風俗文化，顯然台灣人都是閩客，不是原住民。

這是對台灣歷史的不瞭解。1624 年後，荷蘭

人來台才 2 千多，統治短短的 38 年，就把台灣「西化」成功，平埔族的「新港文書」使用了 200 年，就是最好的證明。鄭氏帶 4 萬人來台，把台灣人「漢化」21 年，1683 年滿清帶萬人來台，繼續「漢化」212 年。清鄭漢化台灣人 233 年，據台 38 年的荷蘭都成功了，清鄭漢化台灣人沒有不成功的道理，所以台灣原住民都變成了閩客。

1895 年日本也以極少數的日本人來台，短短的 50 年就把已經漢化的台灣人，成功的「皇民化」。所以，老一輩的台灣人，大多很懷念日本的統治。

1945 年蔣介石也以少數的中國人，把「皇民化」的台灣「中國化」，到現在，年長的台灣人已經失去歷史的記憶，以為自己是中國人，年輕的則連閩客這種外來語也不會說，只會講北京話。

可見荷鄭清日蔣等外來政權，都用很殘酷的手段，實施「去台灣化」、「去本土化」，短期內就收到效果，並不因為統治者人少，就會被居於絕對多數的台灣人同化。此事有滿清文獻可資證明：

①《台灣志略》記載，雍正年間『凡近邑之社，多講官話及泉漳鄉語，與漢相等』。說明在雍正年間，南部人就會講閩客語。

②《台灣府志》記載，乾隆初年，『歸化各社番眾，衣衫半如漢制，略曉漢語』。證明到了乾隆時期，不止南部，全台原住民也大都會講閩客語。

③《淡水廳志》記載，同治10年（1871）時，全台原住民的閩客語不但很流利，而且『諳番語者十不過二、三耳』。見證了台灣人在1871年時，多已因講漢語而忘了母語，和今日的台灣情形相同。

台灣大風雲【全5冊】緞面麻布精裝典藏版

大時代、大氣魄、大歷史，新大河小說，
從1895到2000，邱家洪230萬字一氣呵成。

〔第1冊〕《二戰浩劫》
〔第2冊〕《消失的帝國》
〔第3冊〕《二二八驚魂》
〔第4冊〕《民主怒潮》
〔第5冊〕《台灣風雲》

王育德全集【全15卷】
台灣獨立運動教父、台語研究權威

集才氣、骨氣、勇氣、義氣於一身的台灣典範
－王育德博士（1924－1985）
伊用功做學問兼獨立運動，阮良心出版，請恁
來看書做功德！

浪淘沙〔家族別平裝單行本〕

東方白一百五十萬字滾滾大河小說
千錘百鍊、原汁原味的台灣文學經典

BA29、30、31(福佬系)
浪淘沙之丘雅信篇(共3冊)

BA32(福州系)
浪淘沙之周明德篇

BA33(客家系)
浪淘沙之江東蘭篇

台灣俗諺語典【全10卷】

台灣祖先傳承的生活箴言，後輩台灣人最珍貴的文化財產。

旅德陳主顯牧師苦心收輯歸納。共收錄台灣俗諺語近萬句，逐字注音，逐句註解，逐條釋義。兼具資料性、學術性、趣味性…

台灣作家全集【全51冊】

有史以來第一套最完整呈現的台灣文學寶藏

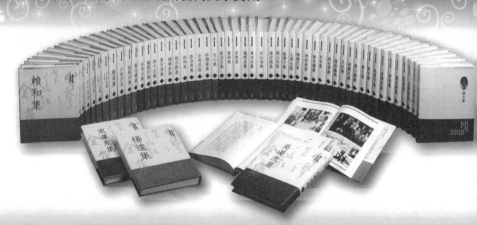

台灣古典大眾文學【全10冊】

老台灣社會家庭生活愛情倫理悲喜劇
日式風格、台灣體裁的大眾小說

可愛的仇人（上冊）
可愛的仇人（下冊）
靈肉之道（上冊）
靈肉之道（下冊）
韭菜花
黎明之歌
大地之春
命運難違（上冊）
命運難違（下冊）
京夜運命

■【前衛特訊】

一個來自加拿大，短小精悍，活力充沛；一個來自蘇格蘭，高頭大馬，豪氣千雲。兩個異鄉人，卻是台灣的恩情人，大大地改變了台灣的歷史。本社「台灣經典寶庫」繼推出北台灣宣教巨擘馬偕回憶錄後，接下來就是鼎足南台灣的甘為霖台灣筆記了！

甘為霖原著｜林弘宣 許雅琦 陳佩馨 譯｜阮宗興 校註

一個卸下尊貴蘇格蘭人和「白領教士」身分的「紅毛番」
近身接觸的台灣漢人社會和內山原民地界的真實紀事。

《素描福爾摩沙：甘為霖台灣筆記》
Sketches From Formosa

書號FC03

擺在讀者眼前親炙這位傳奇宣教探訪、學術等面向師以五十則或長或他在台灣宣教46年所喜。當中，有吃湯、馬鈴薯配蟲、趣事，有白水溪大追捕、彰化城遇追擊等險事，也有嘉義城擲石大戰、反日、溪邊撿到人

甘牧師不僅教的實況，筆墨更象、輿論、謠言、歷史感。以〈開拓記為例，甘牧師不的傳教經過，更交地理、景觀、人傳聞，然後將時光

的這本著作，就是師的宣教、奉獻、的最佳途徑。甘牧短的筆記，記錄了的所思所見、所悲老鼠肉、喝猴子倒栽蔥跌落深溝等夜襲、麟洛平原遭險、埔里社被霧番漢學老師偷蠟燭、取國姓爺「聖水」腦糕等怪事。

僅記錄他在各地傳觸及廣泛的社會現同時也帶有深厚的澎湖群島〉這則筆只是紀錄他在當地待當時澎湖群島的口、經濟、教育與回溯到17世紀的荷

蘭佔領時期，澎湖當地的局勢，接著是描寫19世紀末的法軍入侵始末，以及甘牧師親耳聽見澎湖居民對孤拔將軍的讚美「伊真好膽！」等，用簡潔準確的文字，帶領讀者一覽台灣歷史的變異風貌。

不管你是不是基督徒，只要你對古早味的福爾摩沙感興趣，就能循著甘牧師為教會、艱苦人、青瞑人、平埔族奔波近半世紀的足跡，一道神遊清領末、日治初最真實的台灣庶民社會。來吧！來感應一下地老天荒之下，你於歷史塵煙之中可能的迴身位置吧！

《素描福爾摩沙》

甘為霖牧師（Rev. William Campbell, 1841-1921）

蘇格蘭格拉斯哥人，隸屬於英國長老教會。1871年，30歲的甘牧師受派到台灣府宣教，當時他乘著小帆船從廈門橫渡台灣海峽，靠著竹筏才驚險萬分地登陸打狗。1917年，76歲的甘牧師完成了長達46年的傳教生涯，在日本總督特地南下致謝後離開台灣，是除了巴克禮牧師外，在台最久的傳教士。曾獲日本政府頒發「勳五等雙光旭章」、「勳四等瑞寶章」，以及加拿大多倫多納克斯（Knox）神學院授與名譽博士學位。

在近半世紀的宣教歲月中，甘牧師不斷深入「平埔番」、「熟番」及「生番」聚落，在南台灣及澎湖各處創建佈道所，為被壓迫、被忽視的族群帶來普世福音，灌注給他們信仰與力量。甘牧師同時關照漢人當中的貧苦大眾，尤其是創辦「訓瞽堂」，為盲人福利奔走的事蹟，更為他贏得「台灣盲人教育之父」的美名。

宣教之外，甘牧師也潛心著述，出版眾多以台灣為主題的作品。在早期台灣史方面，有翻譯自荷蘭文的《荷據下的福爾摩莎》，重印荷治時期的《新港語馬太福音》、《虎尾壟基督教教導》，以及《台灣佈教之成功》。在教會羅馬字方面，有名著《廈門音新字典》（甘字典）、《聖詩歌》以及《治理教會》。在教會史料方面，則有經典的《台南教士會議事錄》。另有專著《中國的盲人》、《闢邪歸正》、《播道論》等。

1872年甘為霖牧師拜訪馬偕牧師的航程

臺灣全圖

| 譯者簡介

林弘宣

台大哲學系畢業，台南神學院碩士，美國哲無大學（Drew University）博士候選人，台灣基督長老教會牧師，美麗島事件受刑人，2005-06年國策顧問，譯有紀伯藍（Kahlil Gibran）的《瘋子》、《人子耶穌》等。

許雅琦

台師大英語系，美國南加大新聞所碩士。

陳珮馨

台師大英語系，台師大翻譯研究所碩士。

| 校註者簡介

阮宗興

1957年生於員林東山，台南神學院宗教哲學系。曾任《使者雜誌》採訪編輯，美國洛城《國際日報》美工組長，台灣教會公報社業務經理兼台南門市店長，錫安旅行社顧問與台南分公司經理。現任：台灣基督長老教會歷史委員會委員，湖美教會長老，美商美樂家資深總監。曾經企劃出版：《安平追想曲》、《員林街紀事》、《南中教會誌》、《北門嶼足有情》、《聚珍堂史料》全集、《台灣教會公報全覽》、《使信全覽》（The Messenger）。校註：《台南教士會議事錄》、《素描福爾摩沙》。

國家圖書館出版品預行編目資料

台灣血統 / 沈建德著.--修訂初版.--台北市：
前衛，2009.12
384面；15×21公分
ISBN 978-957-801-633-0（平裝）
1.種族問題 2.種族發生史 3.台灣史

733.22　　　　　　　　　　98021405

台灣血統

著　　者　　沈建德
責任編輯　　林一筆
美術編輯　　方野創意
出 版 者　　台灣本鋪：前衛出版社
　　　　　　10468 台北市中山區農安街153號4F之3
　　　　　　Tel：02-2586-5708　Fax：02-2586-3758
　　　　　　郵撥帳號：05625551
　　　　　　e-mail：a4791@ms15.hinet.net
　　　　　　http://www.avanguard.com.tw
　　　　　　日本本鋪：黃文雄事務所
　　　　　　e-mail：humiozimu@hotmail.com
　　　　　　〒160-0008 日本東京都新宿區三榮町9番地
　　　　　　Tel：03-33564717　Fax：03-33554186
出版總監　　林文欽　　黃文雄
法律顧問　　南國春秋法律事務所林峰正律師
總 經 銷　　紅螞蟻圖書有限公司
　　　　　　台北市內湖舊宗路二段121巷19號
　　　　　　Tel：02-27953656　Fax：02-27954100
出版日期　　2009年12月初版一刷
　　　　　　2016年03月初版三刷
定　　價　　新台幣300元
©Avanguard Publishing House 2009
Printed in Taiwan　ISBN 978-957-801-633-0

*「前衛本土網」http://www.avanguard.com.tw
*請上「前衛出版社」臉書專頁按讚，獲得更多書籍、活動資訊
　http://www.facebook.com/AVANGUARDTaiwan